マス・コミュニケーションの世界

メディア・情報・ジャーナリズム

仲川秀樹［著］

ミネルヴァ書房

マス・コミュニケーションの世界
——メディア・情報・ジャーナリズム——

目　次

第Ⅰ部　コミュニケーション編

第1章　コミュニケーションの基礎 …… 2
- 第1節　コミュニケーションと人間関係 …… 2
  人間関係と意味解釈／コミュニケーションとメディアの関係／信頼と合意のコミュニケーション的行為
- 第2節　コミュニケーションの構造 …… 9
  コミュニケーションの前提／コミュニケーションの概念／心理学的コミュニケーションの諸概念／社会学的コミュニケーションの諸概念
- 第3節　コミュニケーションの機能 …… 16
  コミュニケーションのシステムレベルにみる類型／コミュニケーション・システムの機能にみる類型／コミュニケーション・メッセージの特性にみる類型／コミュニケーション・チャンネルの特性にもとづく類型／コミュニケーションの送り手・受け手レベルにみる類型
- 第4節　コミュニケーション研究 …… 24
  コミュニケーション研究の意味／社会学的コミュニケーション研究

第2章　マス・コミュニケーションの基礎 …… 27
- 第1節　マス・コミュニケーションの世界 …… 27
  マス・コミュニケーションの存在価値／マス・コミュニケーション研究の視点
- 第2節　マス・コミュニケーションの構造 …… 29
  マス・コミュニケーションとは／マス・コミュニケーションの過程
- 第3節　マス・コミュニケーションの機能 …… 35
  マス・コミュニケーションの過程における機能／マス・メディアの社会的機能
- 第4節　マス・コミュニケーションの受容過程 …… 39
  受容過程研究のはじまり／マス・コミュニケーションの受容過程研究
- 第5節　マス・コミュニケーションの効果論 …… 42
  効果分析のスタイル／効果分析のプロセス／マス・メディアの接触行動

第3章 マス・コミュニケーションの流れ……50

第1節 マス・コミュニケーションの流れ研究……50
ニュースの流れ研究が源流／コミュニケーションの2段階の流れ仮説

第2節 『ピープルズ・チョイス』と2段階の流れ誕生……52
『ピープルズ・チョイス』の成果／『ピープルズ・チョイス』の成果と応用社会調査研究／マス・メディアとオピニオン・リーダー

第3節 『パーソナル・インフルエンス』と2段階の流れ定説……56
『パーソナル・インフルエンス』の意味／ディケーター研究の前提／買い物行動のリーダー／流行のリーダー／社会的・政治的問題のリーダー／映画鑑賞のリーダー

第4節 マス・コミュニケーションの流れ研究の発展……70
2段階の流れ仮説の発展段階／マス・コミュニケーションの流れに関する研究

第5節 マス・コミュニケーションの流れ研究再考……74
マス・コミュニケーション受容過程研究の記念碑／2段階の流れ仮説の理論と結果／マス・メディアの影響力／『パーソナル・インフルエンス』再考

第Ⅱ部　ジャーナリズム編

第4章 ジャーナリズムと世論……82

第1節 強力効果論と「世論」……82
ジャーナリズムの意味／ジャーナリストの登場／W・リップマンの『世論』／ジャーナリズムの強大さ

第2節 ジャーナリズムの影響力と「議題設定機能」……89
「議題設定機能」と強力効果論の再評価／「議題設定機能」の効果と問題点

第3節 強力効果論の再生と『沈黙の螺旋理論』……92
強力効果論の再生／『沈黙の螺旋理論』と沈黙の仮説

第4節 「第三者効果」と「社会依存モデル」……95

「第三者効果」にみる意見の抑制／もう1つの強力効果論「社会依存モデル」

第5章　ジャーナリズムと説得的コミュニケーション……… 100
第1節　世論から考える …………………………………………… 100
情報環境の受け手／世論の形成
第2節　世論操作とプロパガンダ ………………………………… 103
大衆説得と世論操作／世論操作とプロパガンダ
第3節　政治的プロパガンダ ……………………………………… 105
政治宣伝の意味／政治宣伝の特徴
第4節　説得的コミュニケーションと大衆説得 ………………… 108
説得的コミュニケーション／R・K・マートンの実証研究
第5節　説得的コミュニケーションと広告 ……………………… 111
消費社会と広告の誕生／説得的コミュニケーションと広告
第6節　広告の分類と分析 ………………………………………… 114
目的別の広告／広告の分析／広告の類似概念

第Ⅲ部　情報社会編

第6章　マス・コミュニケーションと情報社会 …………… 122
第1節　情報社会の社会学的基礎 ………………………………… 122
情報の概念化／情報は自然科学が源流／自然科学における情報概念
第2節　情報化のステップ ………………………………………… 126
情報化と情報社会／情報の本質／情報は情報処理の機能をもち情報化へ
第3節　情報社会の概念化 ………………………………………… 129
情報社会／情報社会という概念の定式化
第4節　情報社会のシステム問題 ………………………………… 131
情報社会の現状／情報社会の予期せぬ問題
第5節　情報社会のゆくえ ………………………………………… 133

　　　　情報と知識の相違／情報は知識ではない／情報社会から知識社会へ

第7章　マス・コミュニケーションネットワークと流言／うわさ……140
第1節　ネットワークとしての流言／うわさ……………………………140
　　　　流言・うわさ／流言・うわさの類似概念／流言・うわさの分類
第2節　流言／うわさの構造…………………………………………………145
　　　　流言・うわさ発生の社会的背景／流言・うわさの発生条件／流言・うわさによる弊害
第3節　流言／うわさ研究の多様性…………………………………………149
　　　　都市伝説としての流言／社会構造と社会変動における流言・うわさ／子どもたちの都市伝説
第4節　流言／うわさの相違…………………………………………………155
　　　　流言のイメージ／流言とうわさの相違
第5節　マス・コミュニケーションと流言…………………………………158
　　　　情報環境の拡大と流言／マス・コミュニケーション世界と流言

第Ⅳ部　マスコミ研究総括編

第8章　マス・コミュニケーションの社会的責任……………………164
第1節　情報の送り手の責任…………………………………………………164
　　　　イエロー・ジャーナリズム／欠陥報道とジャーナリズム／情報の送り手の責任／情報の受け手における「知る権利」
第2節　マス・コミュニケーションの社会的責任…………………………172
　　　　マス・コミュニケーションにおける社会的責任／自由で責任のあるプレスをめざして／オーディエンスの社会的責任
第3節　メディア・リテラシー………………………………………………179
　　　　メディア・リテラシーの重要性／メディア・リテラシーの基本的な方向性／オーディエンスの情報認識能力

第❾章　マス・コミュニケーション研究のゆくえ ……………… 186
　第1節　混乱するメディア世界 ………………………………… 186
　　　　　メディア・フレーム再構成の必要性／マス・コミュニケーションとメディア・コミュニケーション
　第2節　マス・メディアとパーソナル・メディア ……………… 191
　　　　　パーソナル・メディアとパーソナル・コミュニケーション／デジタル・メディアとしての役割／システムに対応するフレーム
　第3節　マス・メディアとパーソナル・メディアの関係性 …… 195
　　　　　メディア・コミュニケーションの登場／メディア・フレームの修正
　第4節　メディア・フレームの再構成をめざして ……………… 198
　　　　　コミュニケーションの分化／社会的個人的コミュニケーション機能／メディア・フレームの再構成
　結　び　マス・コミュニケーション研究のゆくえ ……………… 201
　　　　　パーソナル・メディアの進化／パーソナル・メディアと社会的ネットワークの台頭／パーソナル・メディアの進化とマス・コミュニケーション研究

あとがき──マスコミ研究── …… 205

索　　引 …… 211

第Ⅰ部

コミュニケーション編

第1章
コミュニケーションの基礎

第1節　コミュニケーションと人間関係

1　人間関係と意味解釈

(1) コミュニケーションを可能にするもの

　日常，対人関係におけるコミュニケーションを可能にするのは，記号（sign）とシンボル（symbol）である。ここでいう記号とは，その社会で人びとの意思伝達や意思決定に際し，用いられる「しるし」である。そこにそれぞれの事象が存在していなくても，客観的にサインから人間がその物事と同じような反応を引き起こさせる刺激を，その事象の記号という。つまり記号は，当該環境における事象に代わるものとして，事象に内在する性質に指示（designate）あるいは意味（signify）をもたらす機能をもつ。

　一般的に，記号と事象との関係はその時間（環境）のなかで，複数の有機体のあいだに成立している共通の了解ないし，約束にもとづいている。記号が人間間でのコミュニケーションの有効な媒介物になるのは，この共通性によるからである。広義において記号は，信号と象徴の上位概念に位置づけられる。[1]

　この記号のもつ意味から派生する概念としてあげられるのが記号環境（sign environment）である。記号環境とは，人間が社会生活という「現実」のなかで形成される時間環境である現実環境（real environment）と，周囲の情報や記号によって影響を受け，人間の内面に抱かれた想像によってつくられた空想的環境と融合させた擬似環境（pseudo environment）と呼ばれるものをいう。そこでは情報や記号を「現実」の代替物とするため，現実環境に対する擬似環境の領

域が拡大してしまった。したがって，メディア，情報，記号のつくる擬似環境は必ずしも現実の代替物ではないとされてきた。

　ところが今日のメディアがつくる記号環境は，リアリティという点で五感がとらえた現実環境を超えることが多い。たとえば，映像や画像媒体，現実のプロセスを再現する取材内容，伝達方法，表現体制が提示する記号環境は，本来，現実環境と同格でなくてはならない。それは個人がメディアから離れている場合であっても，そのものを現実のものにすることで，擬似環境も現実環境と同格にあつかわれることもある。それはメディアのなかに存在している環境を個人の想像力から発生させ，そこにある生活様式や行動様式といった文化的側面を日常生活に結びつけることによってである。

(2) 記号としての信号

　記号に近い意味で解釈されることが多い信号（signal）とは，通常，一定のスタイルでの形や型・音韻・色や色彩・光や点滅などの手段で，それを受ける側に意思を通じさせる方法（合図）である。人間の使用する記号の意味作用は，そこにいる人びとの社会的状況や人間の精神的側面，主観において多様に変移する。この変移の幅が大きくなると象徴というとらえ方になる。

　たとえば，道路や特定の公共空間にある標識や案内板などは，1つの記号作用に対し，1つの意味解釈が完結するものとして結合している。その意味作用は固定的でありほとんど変移しない。大勢の人びとが共有し，共通の理解のもとに作用される。作用する人間側にとって，記号は社会的慣習下や，法的拘束力などによってそれを認識する。安定的な生活の社会生活や，システムの均衡維持においても信号は重要な位置をもつ。広義の意味では記号の一種（含まれる）とされる。

(3) シンボルにみる意味解釈

　シンボル・象徴（Symbol）は同レベルの意味をもつ。シンボルは一般に象徴と表記されているが，その概念は記号のもつ象徴性の意図的な駆使によって成立し，何らかの観念や事物に代わりそれらを意味するものとして用いられる。単に広義で使用される記号とは異なり，その対象にあるモデルの意味解釈を含

むものとした象徴となる。モデルそれ自体は，特定の何ものをも意味していないが，社会環境の広範囲なものと結びつくことができる。それが象徴的相互作用と呼ばれ，シンボルは単なる記号にとどまらず，知識・感情・意味を含む人間の精神作用全体を喚起し方向づけるものとしての機能をともなっている。シンボルは，日常何らかの観念や事物に代わってそれらを意味する。そのものには何の意味もないが，そこから意味解釈（連想・イメージ形成・ルート形成）することによってシンボルとしての機能が成立する。象徴という概念は，社会学の領域でも人間間の相互作用の媒体になり，重要な役割を担っている。シンボルと並列に表記され，使用されることも多い。

　一般的にシンボルとは，客観化された意味を担っている記号であり，意味解釈の1つである。シンボルとしてもっとも重要なものは言語（language）であるが，言語以外には，音・造形・身体表現・映像ビジュアルなどの非言語的シンボル（non-verbal symbol）がある。

⑷ **言語によって表現される文化**
　そこで言語によって表現される文化はつぎのように考えられる。[2]

　1つ目は，「認知的文化システム」である。これは科学・技術・哲学・思想・イデオロギー・宗教・神話などである。認知的文化は，人びとの相互作用のなかで，多方面・広範囲において多様な思索を抱かせ，そこに内在する内容をキャッチしながら会話などの意思疎通を駆使し，精神世界や物質世界に広大な進歩を後押しする条件提示や価値判断を伝えあうスタイルにみる。

　2つ目は，「表出的文化システム」である。小説・詩・戯曲，さらに音楽・美術・演劇・舞踊・写真・映画などがある。表出的文化は，とくに芸術的側面の構造と機能を対象としている。そこに内在している観念を内延的そして外延的次元で人びとに伝達し，お互いの感性などの有無によって相互に理解し合うことが可能となるスタイルである。

　3つ目は，「評価的文化システム」である。一般的には，法・規範・道徳などにみる。評価的文化は，人間社会で生成している物事などの対象物に，ある一定の価値基準を文書・資料や形・造形などの現物あるいは理性などによって示されるものである。人間がおかれている状況のなかで対象とされるものに対

し，その善悪を判断しあうスタイルである。
　このように人間社会には多様なシンボルが存在している。そしてその相互の伝達過程では，シンボルがつねに重要な役目を果たしてきた。シンボル・象徴は，人間関係の意味解釈として，コミュニケーション過程の基本的媒体として位置づけられる。

2　コミュニケーションとメディアの関係

(1) メディア

　メディア (media) とは，個人から個人へシンボルを運ぶ「(伝達の) 媒体」として規定されるものである。社会的相互行為の中心である言語は，シンボルであるとともに相互行為を媒介するメディアでもある。
　メディアを狭義に解釈すれば，話し言葉のメディアは音声，書き言葉のメディアは文字である。書き言葉が登場したのは人間生活が農業社会の段階に到達した以後である。書き言葉の登場は，人類の進歩，科学技術の進歩，アカデミズムの進歩，人間や人間社会そのものを大きく変革する環境を構築した。人間は文字，象徴的な記号を書くことによって，相互の感情を伝え合う1つのコミュニケーションを成立させた。文字によって文章を作成することであらたなコミュニケーションも可能になった。文章は記録や告知機能による活動媒体となり，複数の人間関係が成立した。その成立は，集団や組織しいては国家・国民社会の基盤となる行政組織を完成させるレールをつくった。メディアの発展は人間の思考をふまえながら複数のプロセスをたどり今日にいたっている。この発展のもっとも大きな契機になったのが，近代産業社会に入ってからの印刷技術の普及である。印刷技術の進歩によってメディアの中心となった活字が，活字文化の主流となる印刷製本本や雑誌として遠距離の地に運ばれる下地が完成することになった。メッセージを活字にして送られることは，送り手と受け手のあいだに意思の疎通が成立することであり，直接的な接触がなくても機能的要件充足に向かって進展することである。
　つぎに，音声が電話やラジオやテレビなどの電波メディアによって，瞬時に情報が遠隔地に流されるようになった。その流れは情報化革命の流れから，コ

ンピュータが複雑な計算の役割を担い，コンピュータ・ネットワークは，人間相互のコミュニケーションを結ぶ重要な道具となっていった。今日の社会では，コンピュータを駆使した媒体がコミュニケーション・メディアの中心位置を占めている。

当時のコンピュータ・メディアはアナログ・メディアであった。コンピュータ出現直後は，書き言葉という文字を中心に送るメディアであった。そして音声や画像も瞬時に送信できるようになった。それが社会のマルチ・メディア化の到来となる。

いまは言語的・非言語的シンボルを問わず，テレビやラジオ，新聞や雑誌などのマス・メディア。手紙や電話，ファクシミリ，さらには電子メールなど，パーソナルな側面も，コミュニケーション・メディアによって近距離遠距離を問わず，瞬時にその内容と情報が送られるシステムが完成した。コミュニケーション・ネットワーク社会である。

コミュニケーション・ネットワークは，利用するコミュニケーション・メディアの進化によって，その世界はパーソナル化したメディアとしてより浸透を続けている。機能性を優先して進化してきたパーソナル・メディアもデザインや利便性，それに小型化など，各年齢層・世代間による選択の幅が広がった。メディアという概念が，マス・メディアのみを示唆するものではなくなったのも，こうしたメディアの商業化という要因が大きいこともあげておきたい。

(2) マス・メディア

個人から個人へニュースや情報内容が伝達される過程は，個人間コミュニケーションの形態である。そこで，そのプロセスのあいだに入る媒体物を考えてみたい。さまざまなコミュニケーション・メディアの存在があるものの，膨大な情報量を送受信する必要が生じた社会では，個人間ネットワークに限らず，不特定多数のコンテンツをやりとりする媒体が不可欠となる。メディアが，個人間に限定された相互作用の媒体であるのなら，個人や集団間，その上位レベルの内容を媒体するにはそれに見合った機関が必要となる。そこで登場してきたのが，マス・メディアであった。

マス・メディアとは，ある特定機関から不特定多数の人びと，それも大多数

の人間であるオーディエンスを受け手とする。直接的な意味では,「大衆媒体」であり,「大多数の人びとにおける媒体」として概念規定されよう。その代表格が,マスコミ4媒体と呼ばれた機関であった。

(3) 情　報

　暫定的に触れてきたメディアとマス・メディアに関連して,情報の意味についても簡単に紹介しておきたい。情報（information）とは,シンボルを用いて伝達された事実や事象から出現したニュースである。情報は何らかのシンボルを用いて人びとに伝達されるが,シンボルを用いて伝達されるものだけでは情報とはいえない。なぜなら,認知的文化システムや表出的文化システムの伝達を考えれば明らかである。1つの例として,学生たちが教室で科学や学問を学ぶことや,観衆が劇場で演劇などを鑑賞することに対して,そこで情報を得ているとは考えないであろう。

　その理由として,学問は知識の体系である事実。つまり知識は反復され,記憶され,蓄積されるのに対し,情報は1回限りで必要なくなれば捨てられ,それは蓄積されることはない。オペラは繰返し観て味わうものであるのに対して,情報は一度聞いてわかってしまえば繰返し聞こうとは思わない。この事例こそ情報がニュースであることを示している[3]。

　短絡的な意味で情報はニュースであるということではない。情報そのもののキャッチで終わる場合とその先を見越した展開に進む場合によって状況は変わってくる。情報はニュースであることから,情報が知識に発展することとは意味が異なる。指摘したいのは情報をいかに,情報内容をどのように料理していくかである。この意味する反復・記憶・蓄積,その体系化によって情報は知識へと展開していくことを理解しなくてはならない。情報とニュースの関係性,情報と知識の関係性,情報化の進展,それら内部に存在するものに注目する必要がある。

3 信頼と合意のコミュニケーション的行為

(1) コミュニケーションは人間相互間の意味理解

　コミュニケーションの人間相互間の意味理解には，人間関係形成に内在する信頼と合意がある。コミュニケーションが社会システムにおけるシンボルとメディアとして用いることで，ある行為者の内面で主観的に思われた意味が，他の行為者に伝えられ理解される。

　社会学において論じられてきた相互行為はコミュニケーションと同質のものとも考えられる。両者は，コミュニケーションと相互行為の関係を人間関係からみる上で切り離すことはできない。行為そのものが個人の欲求を充たすなかで考えると，他者とのやりとりから生じるコミュニケーションは，「行為」という概念にははじめから含まれるわけではない。

　しかし，個人と個人のあいだになされる行為と，行為の相互作用としての結果である相互行為は，J・ハーバーマスがコミュニケーション的行為という用語であらわした相互的コミュニケーションである[4]。したがって，コミュニケーション的行為とマス・コミュニケーションのような一方向的なスタイルとは区別している。

(2) コミュニケーション的行為の理論は言語を媒介

　通常，行為の概念を用いて，行為を意味づける時，行為者は何かの目的を指向しながら，それを達成すること，つまり成果をあげることをめざす。それがコミュニケーションの場合，行為者が他者とのあいだにある合意をめざす。コミュニケーションは行為であるからそれに準じた行為をコミュニケーション的行為と呼んでいる。すなわちコミュニケーション的行為は成果を求めるのではなく，他者との合意に到達することを求める行為を意味している。成果から合意へという意味のコミュニケーション行為は，単なるコミュニケーションに比べ一歩ふみ込んだ相互行為である。

　コミュニケーション的行為とは，基本的には言語を媒介しながら理解し合い，了解を求め合う相互行為である。その本質は，日常的なコミュニケーション行為にあり，それを可能にしている規範的な了解事項，あるいは価値規範の相互

承認という合理性の原理を再構成することによっている。

そしてドグマ的な規範主義（行為に内在する社会的な価値的・規範的要素に着目し，行為の規範に過度の強調がおかれ原理的にこれを同調してのみ行為が行われ，行為の自発的な創造性が失われる）や非合理的な決断主義を超える倫理や規範の合理的な基礎づけの可能性を探る一方，批判理論自体の合理的な根拠づけをめざしていく。[5]

第2節　コミュニケーションの構造

1　コミュニケーションの前提

(1) コミュニケーションは人間関係

もっとも基本となる人間関係を媒体しているのは，コミュニケーション（communication）である。コミュニケーションの重要性は人間関係そのものを結びつけるプロセスにある。人間はいかなる状況においてもコミュニケーションを抜きには語れない。語れないというのは，他者との会話だけではなく，個人内でのつぶやきをとってもコミュニケーション類型の1つである。自己の思索においても不可欠の伝達手段である。

人間社会では，自己の欲求充足手段に際し，コミュニケーションは欠くことのできない手段である。日常生活では，どの領域やどの階層においても人びとは望みさえすればどのような情報（均一化・画一化された）も受信できる環境に帰属している。欲求度の度合いに合わせ，それの充足は可能である。今日のメディア社会の背景にあるのはまさにコミュニケーション空間である。

(2) コミュニケーションの特性

コミュニケーションという用語の用いられ方は多様である。コミュニケーション自体が発している内容から乖離した状況のなかでこの言葉が使われている事情も増えている。日常生活で使用する頻度も高い。コミュニケーションについて，曖昧なまま推移させないためにも，コミュニケーションの概念規定と，正確にその構造や機能を理解する手順をふまねばならない。

第Ⅰ部　コミュニケーション編

　メディア社会とも呼ばれる昨今の社会事情の中心にあるのがコミュニケーション・メディアである。コミュニケーションという言葉は，人間が生成するために必要な環境世界全般にわたっている。広範囲の領域で，情報の送る側から，その内容は大多数の人びとに対して伝達されていく。人びとが望む情報の欲求度が増すならば，それをキャッチする環境も当然整備せざるを得ない。人びとがこうした情報を受け入れるプロセスの基本的なシステムにあるのがコミュニケーションそのものである。

2　コミュニケーションの概念

(1) コミュニケーションとは

　それでは人間社会のもっとも基本的システムを支えているコミュニケーションの概念を整理してみたい。コミュニケーションを日常的にとらえるならば，人びとがさまざまな記号を使いメッセージを伝達・交換するプロセスを指す。簡潔に言えば，コミュニケーションとは「伝達」である。「人間の身体表現にある身振り，言語・文字・視覚などをとおした記号を媒体として，感情・意思・情報や知識などを伝達する相互作用プロセス」と定義づけておきたい。

　一般的な事例としては，日々の生活にそれをみることができる。家族間の会話や振るまい，近所や顔見知りとの挨拶を交わすこと。通勤・通学時の過程のなかでの人との出会い，そこで相互にやりとりする時。会社に到着した時点での同僚や上司とのやりとり，学校内でのクラスメートや担当教員，授業や試験，連絡事項などによる対応。コミュニケーションによって，個人の行動に何らかの影響をおよぼしている。自分自身の行動に合わせ，他人の状況により自己の方向性が左右され，相手の出方に自分を重ねて起こる行動パターンなど，身近ななかにさまざまなケースをみることができる。

　日常，人間の周辺には多様な記号が飛び回っている。各記号パターンに人びとは一喜一憂する。その記号に人びとは自己の選択や意思決定のたぐいを求めて行動する。コミュニケーションは社会的個人的状況に沿った多様な機能に応じて分類されている。

　つぎに，主要な社会学者などによって提示されたコミュニケーションの諸概

念からコミュニケーションに含まれる多様な意味を探っていきたい。

3　心理学的コミュニケーションの諸概念

(1) C・I・ホヴランドのコミュニケーション
①コミュニケーションによる刺激
　コミュニケーションの内面に関しては，精神構造も含むとともに，そこに存在する回路やチャンネル構造など自然科学の側面にも十分注意する必要がある。ここでは社会科学の領域における主要なコミュニケーションの概念を紹介してみる。心理学的コミュニケーションからみていきたい。
　代表的なものとして，ホヴランドのコミュニケーションの概念が有名である。ホヴランドは，「送り手である個人が，受け手とする他の個人の行動を変えようとするために，刺激，ここでは言語を用いて伝達する過程」と，コミュニケーションを規定した。(6)コミュニケーションは，個人が他者である相手に，個人の意図する行動や選択行動へ，他者の意思決定を促進させるに必要な刺激を伝達させるプロセスの1つとして考える。言葉によるメッセージは，送り手の感情，喜怒哀楽によって受け手の反応もその都度違ってくる。
　ホヴランドの概念は，個人間の伝達過程には，コミュニケーションの強いはたらきにより，それが相互に影響をおよぼしているとした。心理学的コミュニケーションの特徴としては，コミュニケーションの受容過程，あるいは影響過程にあり，または説得的コミュニケーションの性格が強いことにあるとされている。

②心理学的コミュニケーションにみる仮眠効果
　心理学的コミュニケーションの視点は，仮眠効果とクライマックス順序という考え方を生んだ。ホヴランドの研究は，今日，多様な領域で応用されている。その1つが，仮眠効果（sleep effect）と呼ばれるものである。
　仮眠効果とは，対人関係におけるコミュニケーション効果度を計るのに用いられる。通常，送り手である個人が，受け手である個人に何らかのメッセージを発した時，時間的速度（記憶の度合い）が近ければある種の説得的効果が生じる。一時的には受け手個人の意見を変容させることができる。しかし，時間

の経過が長くなるにつれ，その効果は減少してしまう傾向があることがみられる。逆に，説得的効果は，ある一定の期間によって増加することもある。ここでコミュニケーションの発信源と内容が時間の経過のなかで，何らかのインパルスを生じさせたからである。それが個人の潜在的な部分を目覚めさせ，送り手・受け手相互に意味ある環境を呼び込ませることになる。

③ クライマックス順序と反クライマックス順序

さらにホヴランドは，クライマックス順序と反クライマックス順序という考え方を提示した。これは日常の多くの場面で目にすることができる。

クライマックス順序は，イベントやエンタテインメントの世界に多くみられる。スポーツ中継のニュースでは，試合結果の報道にあたり，最初にゲーム展開を伝え，最後に勝敗を伝える。また，催し物など，前座からはじまりメインイベントで終了する一般的なパターンで，重要な場面を最後に登場させるスタイルである。さらに裁判の判決などで，判決にいたる経緯を先に説明し，主文を最後に述べる場合などにある。

それに対し，反クライマックス順序は，スポーツニュースの冒頭で，最初に勝敗を伝え，それから内容と展開，解説を加える方法である。裁判の判決では，最初に主文を申し渡し，その後に内容を延々と説明するパターンにみられる。選挙などの開票速報では，最初に当選や当選確実を打ち，つぎに投票数や情勢分析などに入る。最初に結果や結論，重要な論点を提示することで，一刻も早い情報を待つ受け手に適しているスタイルである。

両者は，多彩なメディア環境に沿うように効果的に用いられている。ニュース放送のたぐいからドキュメント・リポート番組まで，クライマックス順序と反クライマックス順序は局面に応じた方法で用いられる。マスコミに限らず，送り手側の事情によってこの順序はたえず，交替する。説得的コミュニケーションとしてのクライマックス順序と反クライマックス順序は，コミュニケーションの一面的な説得が複数の論点からなる時，その内容にあわせて展開される場合のインパクトを知ることにもなる。

(2) C・E・オズグッドのコミュニケーション

① コミュニケーションによる影響過程

つぎにオズグッドの概念をみていきたい。言語心理学者としてコミュニケーションのとらえ方に注目する。オズグッドの概念は、「コミュニケーションの源流（source）であるソースとしてのシステムが、到達地点としてのシステムに、両システムを結んでいるチャンネル（対象となる）をとおして、体質を変質（alterative）させるシグナル（強調した）によって、影響を与えている過程」と規定した。[7]

オズグッドがコミュニケーションと呼んだこのプロセスには、システム間の影響過程として、個人だけではなく、機械、社会、文化などの社会システムを構成する次元の伝達過程をも意味している。それはあるものが他のものを変えようとする過程（送り手から受け手へ）に、（シンボリックなものとして）コミュニケーションを位置づけた考え方でもある。

② SD法にみる解釈イメージ

オズグッドは、SD法（semantic differential）という調査方法を考案したことでも有名である。SD法とは、尺度的方法と呼ばれ、多種類の記号を情緒的・内包的意味から測定するものである。刺激対象となる事象の知覚や判断を、意味論的に分析していくものである。よく使用される例として、五感でとらえられる対象モデルに対し、美味しいと不味い、綺麗と汚い、甘いと苦いなどの両極面をもつ形容詞を題材にする。それぞれ個人が抱くイメージを、SD法にある尺度によってより選択が容易な方向へと導く。言語心理学者であるオズグッドは、言語行動における「意味」の重要性などにも注目した。今日、SD法は各種の調査などにその方法をみることができる。商品内容の説明のため、パッケージなどにも利用されている。数字を羅列するよりも視覚的に数段理解されやすい分析スタイルである。統計的な理解がなくても視覚的に内容そのものを判断するにはわかりやすい方法となっている。

第Ⅰ部　コミュニケーション編

4　社会学的コミュニケーションの諸概念

(1) C・H・クーリーのコミュニケーション

　社会学者であるクーリーは，コミュニケーションを，「人間関係はコミュニケーションを通じて形成され発展していくメカニズム。それを可能にするものは空間をとおしてのシンボルの伝達と，時間をとおしてのそれの保存にある」と規定した。[(8)] 社会学の基本的性格である人間間の相互行為に注目している。コミュニケーションの社会学的なとらえ方では，コミュニケーションそのものが人間の相互作用あるいは人間関係，社会関係のプロセスとしての見方にある。クーリーのコミュニケーションは代表的な社会学的概念である。それはコミュニケーションによって人間関係が成立し，発達プロセスにみるメカニズムを意味していることである。コミュニケーションとは，人びとの時間と空間の克服であるといい，そのための手段として表情・態度と身振りにみられる身体表現・声質・言葉・文字（書くこと）などは代表的である。これらのパフォーマンス，それにイントネーションの状態，実際に話したり書いたりすることなどは，第1次的な社会環境におけるコミュニケーションである。通常，個人間コミュニケーションまたはパーソナル・コミュニケーションとして区別されている。

　また伝達的なものとして，印刷（活字）・交通手段（鉄道・道路）・電信・電話（コミュニケーション・メディア）などの手段もあげた。活字メディアとしての新聞・雑誌から通信手段までの情報機器は，今日のラジオやテレビなどのアナログ・メディアとコンピュータ・ネットワークによるデジタル・メディアに適応される。コミュニケーションは人間関係成立の基礎としてとらえられ，記号作用を媒介として成立する。コミュニケーションには表現と伝達の二面があり，伝達に関してはさらに記録という機能も期待されている。

　クーリーによるこれらの考えは，社会学的視点から人間関係や個人の相互作用における機能を含んだ伝達過程としてとらえ，かなり多面的にコミュニケーションを規定しようとする包括的な概念となっている。

(2) W・シュラムのコミュニケーション

マス・コミュニケーション研究を専門とするシュラムの概念も極めて社会学的である。シュラムは,「コミュニケーションとは,人びとのあいだの共通性を成立させる。つまり情報・思想・態度を共有しようとするもの」と規定した。

シュラムの概念は,コミュニケーションにかかわる社会の動向に沿った社会関係の成立,社会体系の形成を示唆している。コミュニケーションの意味するところは,人びとがお互いに双方の思考を理解し合うための相互作用であり,それによって社会関係が成立するシステムそのものであるという社会学的な視点がポイントである。

(3) 竹内郁郎のコミュニケーション

わが国のマス・コミュニケーション研究者である竹内郁郎の概念を最後に紹介しておきたい。竹内はコミュニケーションを,「情報の処理と伝達のプロセス」とし,社会的コミュニケーションを「人間の固体ないし,集合体のあいだにおける情報の処理と伝達の過程をさすもの」と規定した。

これはコミュニケーションを情報の構造と機能を分析する過程を中心とした概念となっている。実際,コミュニケーション過程を情報の次元でとらえることは,人間間におけるやりとりとは異質のものになる可能性もある。機械的な制御によって情報が処理される場合と,人間関係の相互作用によって処理される場合は根本的に異なっている。集合体（人びとの集まり）と表現するところに人間社会・組織にかかわる概念であることに注目しておきたい。これはコミュニケーション類型の問題ともかかわってくるが,むしろ社会的コミュニケーションの位置づけを鮮明にすることで,社会・文化的な社会システムの伝達過程としての色彩が強調されることになる。

社会的コミュニケーションがどのようなコミュニケーション形態を生むかは,つぎのコミュニケーションの類型を整理しながら理解を深めていくこととする。コミュニケーションの基本的類型は,ミクロ・マクロ,個人の次元から社会の次元,システム全般にわたり適応され,コミュニケーションの多様な理解をサポートする重要なカテゴリーである。

第3節　コミュニケーションの機能

1　コミュニケーションのシステムレベルにみる類型[11]

(1) 個人システムのレベルにみる類型
① 個人内コミュニケーション（intra-personal communication）
　日々の生活のなかで欠くことができないものに個人内コミュニケーションがある。個人が自己に対しつぶやき，自己の思いや考えを内的にめぐらすことである。たとえば，朝，個人が自宅を出る前に本日のノルマや課題に対する処理を考え，家事に従事している人ならば，今夜の食事のメニューをどうするのか，ビジネスにかかわる人であれば，自分で作成した企画が会議でどのような評価を受けるだろうとか，自分の担当したプロジェクトの進行具合を確認するような自己への問いかけである。社会人やＯＬ，主婦・学生など，地位や環境が異なっても，日常生活における人びととの個人内コミュニケーションは展開する。

② 個人間コミュニケーション（inter-personal　communication）
　人間生活におけるもっともスタンダードなコミュニケーション・スタイルである。この形態は，日常よくある自己と他者との相互行為である。昨今のメディアをにぎわすトピックに関してのやりとり，今週末のイベントに着用するファッションの話など，基本的な個人と個人の相互行為で，自己がメッセージの送り手になったり，受け手になったりする。相手が対面していればいつでもどこでも実現可能な直接的なコミュニケーション形態である。一般的な社会生活を送る人間であれば多かれ少なかれ，日常的に生成するコミュニケーションである。これを拒否するなら対人関係のない環境のなかで，1人孤独に生活していくしかない。それほど個人間コミュニケーションは，オーソドックスなスタイルとなっている。

③ パーソナル・コミュニケーション（personal communication）
　今日の社会でもっとも機能的にかつ多く用いられるコミュニケーション形態である。個人が動作や音声などの身体的手段および媒体物などを用いたコミュニケーションである。具体的には，個人間における電話や手紙などの媒体物を

用いたスタイルをいう。この形態は，環境はもちろん年齢や職業などの社会的属性によっても相違がみられる。マスコミや行政機関，企業などのビジネス世界からプライベートな通信手段まで，その領域は拡大している。とくにパーソナル・メディアである携帯電話やインターネット，電子メール，SNSなどの社会的ネットワークはこの形態の主流である。デジタル社会でもアナログ的に手紙を書くことが好きな人びとにとってこのスタイルは，重要なコミュニケーション手段となっている。

　パーソナル・メディアの発達により，若者を中心に，文通のような紙媒体のスタイルから，ソーシャル・ネットワーク・システム機能をプラスした相互の意思疎通を図ったりするスタイルは著しい進化を遂げている。このパーソナル・コミュニケーションは職業や年齢，趣味や人間関係によって使用される環境は異なるコミュニケーション形態となっている。かつて，くちコミュニケーション（くちコミ）という表現が多用されているが，直接的には個人間コミュニケーションのスタイルに沿ったものである。しかし，パーソナル・メディアを用いることでくちコミによるネットワークも，パーソナル・コミュニケーションのあらたなスタイルとなっている。

(2) 社会システムのレベルからみる類型
　① 集団内コミュニケーション（intra-group communication）
　家族・友人・近隣関係という基礎集団をはじめとするスモール・グループ，学校・企業の部課内での会議や打ち合わせなどのやりとり。さらにはサークルや各種の趣味のクラブでの会話。そして町内会の集会的なものなど，社会集団内にみられるコミュニケーションである。
　② 集団間コミュニケーション（inter-group communication）
　ある規模の人間集団どうしのあいだでのコミュニケーションをいう。国会などの政党間の議論は集団間コミュニケーションの典型である。また公共団体の地方ブロック単位ごとの会議，業種別の代表による会議などもこの形態である。この他に規模の大小にもよるが，大学のゼミナールやサークル間での討論やフォーラムのようなスタイルにもみられる。

③国際コミュニケーション（international communication）

国連や先進国首脳会議（サミット）などの国際会議を代表とする，国家的レベルの単位によるコミュニケーション形態。国家間の議題に応じて召集される各国の代表団どうしでの会合やレセプションなども含まれる。人種・民族など分化されたブロックどうしではつねに国際間のやりとりが存在している。政治以外でも万国博覧会や文化的イベントなど国際的な行事の場を中心として多岐にわたっている。

④マス・コミュニケーション（mass communication）

情報の送り手が原則として一つに対し，受け手は不特定多数の人びとへの伝達過程をいう。特定の内容（情報）がテレビ・ラジオ・新聞・雑誌など4媒体メディアを中心として人びとへ送られるコミュニケーションをいい，大衆伝達ともいわれる。マス・コミュニケーションは現代社会における影響力，規模においても最大のコミュニケーション形態である。

(3) 文化システムのレベルにみる類型

①異文化間コミュニケーション（intercultural communication）

生活様式や行動様式の異なった環境にあるものどうしのコミュニケーションである。慣習や風習，生活水準が違う文明社会と未開社会のあいだでの伝達過程などを意味する。たとえば，現地調査のため社会構造の異なる地域に入った調査隊などが，現地人とするコミュニケーションがそれにあたる。マス・メディアのドキュメンタリー番組制作のために国内外を問わず，異文化の人びととのコミュニケーション機会は増えている。海外旅行なども日常化し，国内外で異文化との接触機会も多い。カルチャーショックのような言葉に象徴されるように，外的環境からの刺激と相互による，影響のおよぼし合いの効果が反映されるコミュニケーションでもある。しかし，近年，グローバル化の浸透で，世界観の共有も増え，年齢を問わず，異文化との接触は日常化している。そこには国際的なメディアを用いた情報交換が可能になったこと，場所を選ばないコミュニケーション・メディアの発達をみることができる。

②世代間コミュニケーション（generation communication）

世代の異なる人びとどうしによるコミュニケーション。必ずしも文化の異な

る世界にいるものどうしではないが,出生時期などコーホート(同時出生集団)にみる思考の違いは文化的スタイルや生活スタイルなどに反映される。ゆえに世代間格差や価値観の相違などを説明する上で,判断材料となるコミュニケーション形態である。物事の判断基準の違いが明確になるとともに,社会システムのゆがみを埋める共通要因を導き出すこともあり重要なやりとりにもなる。世代間の相違は,階層構造の相違とある種共通項をもち,文化の異なる人びととの意見交換など,社会の共通理解を深めるためにも見直される必要のある形態でもある。

世代間コミュニケーションは,コミュニケーション機能との関係からみることも必要。1990年代後半以降,コミュニケーションは,垂直的なものから水平的なものへと優位性が変化し,日本語表記の曖昧性とも絡んだ問題を生みだした。社会の分散化状況を加速させたのが消費行動であったことから,それを選択する世代によって嗜好の相違が象徴的にみられる。世代間ギャップを考える上で,世代間コミュニケーションからコミュニケーション・スタイルの変容をみることの重要性も付け加えておきたい。

2 コミュニケーション・システムの機能にみる類型

(1) システムの基本的機能にみる類型
①道具・手段的コミュニケーション (instrumental communication)

送り手・受け手相互の意図する目的を達成するための手段となるコミュニケーションである。個人と社会の基本的システム機能として,そのシステムの目標達成のための道具的・適応機能に対応する契機ともなるコミュニケーション形態である。この形態は,人間の心理的で精神的な内的状態と結びつきがありかつ認識・思考などの内的過程の手段としての条件にもなる。

道具的・手段的コミュニケーションは,とくに広義の社会的関係にある人びととの伝達過程である。人間が文化とそのコードを相互に共有する限りにおいて,表情や身振り,そして言語にいたるまでの記号を利用しながら実行されるコミュニケーションである。

② 自己完結的コミュニケーション（consummatory communication）

　自己の欲求充足にともなうコミュニケーション。自己が他者に何かを伝えたいことを表現することを目的としている。通常のコミュニケーションは他者への基本的な伝達を目的とするが，自己完結的コミュニケーションは単なる伝達ではなく，芸術的作品などにみられるような自己の成果を他者へ表現することに重点がおかれている。

③ 表出的コミュニケーション（expressive communication）

　その社会のシステムを維持するための表出的・統合的機能をもつコミュニケーション。自己の気持ちや思いを他者に掃き出すようなスタイルである。システムの存続を維持するためにシンボル化したものを内面化し，その社会の成員の欲求不満を表出させる。自己の内面にあるものを他者に表現（伝達）することにおいて自己の欲求は満足される。単に話し伝えるという行為から一歩ふみ出し，感情的側面を表出させるものであり，一種の感情浄化（カタルシス）に近い機能も存在している。

　自らを表現するためにある種の表出行動（芸術などの展示・発表，ブログ発信など）に努め，それが他者に解読（人びとに受容・認知）されることでコミュニケーション・ネットワークも広がる伝達機能をもつ。自己完結的コミュニケーションに比較して，連続的に拡散する性格をもっている。

3　コミュニケーション・メッセージの特性にみる類型

(1) メッセージを構成する記号・きまり（code）にみる類型

① 言語コミュニケーション（verbal communication）

　言語は思考や表現の手段であり，言語から派生した物語や小説・詩などを構成するメディアでもあり，個人や社会のアーカイブにもなる。

② 非言語コミュニケーション（non-verbal communication）

　一般的には自己の身体的な部分を用いながら身振りなどで，他者へ意思の表現を伝達させる手段である。身振りや表現には社会的な相互行為として共通理解や前提などを必要とする場合が多い。シンボリックな相互作用においては相手の出方に依存することも多い。

(2) メッセージの画像性・映像性にみる類型
① 画像コミュニケーション
　写真や絵画，静止画の解釈により成立するコミュニケーション。コンテンツ内の象徴的な部分の意味解釈をめぐる形態である。内容分析などに用いられ，送り手と受け手の解釈がぶつかり合い，あらたな思考が誕生する可能性もある。昨今の社会的ネットワークにおいて抜群の注目度を放つ。
② 映像コミュニケーション
　通常，画像に「動作・動き」の要素が加わったものを動画あるいは映像と呼ぶ。この動きを記号としてとらえることによって，多彩なコミュニケーションが登場し，コミュニケーションの進化が促進されるようになった。単なる動き以上に，色彩などの調和により，さまざまな場面で用いられ，コミュニケーションの可能性を無限大に広げる役割をもっている。

4　コミュニケーション・チャンネルの特性にもとづく類型

(1) チャンネルの方向性にみる類型
① 一方向的コミュニケーション（one-way communication）
　受け手と送り手へ，いずれかのみによって成立するコミュニケーション形態。受け手になるか送り手になるかはつねに限定されている。
② 双方向的コミュニケーション（two-way communication）
　受け手と送り手の役割が交替でき，フィードバックが可能なコミュニケーションである。場所や時間などで限定される場合も多い。
③ 相互的コミュニケーション（reciprocal communication）
　双方向的コミュニケーションに準ずる形態でありお互いの意思が確認できるコミュニケーションとなっている。ただし，一般的なやりとりが中心となるものの，内容に深入りすることも可能。

(2) チャンネル方向性の組み合わせにみる類型
① 対面的コミュニケーション（face-to-face communication）
　相互的・直接的なパーソナル・コミュニケーション。とくに慣れ親しんだ関

係などに結びつけられることが多い。意思を正確に伝えやすく，極めて第1次的なコミュニケーションが可能になる形態である。

②社会的コミュニケーション（social communication）

代表的なのがマス・コミュニケーションである。送り手が一方的・媒介的（マス・メディアによる媒体），受け手は不特定多数である。もっとも社会学的に取り上げられるコミュニケーションである。

5　コミュニケーションの送り手・受け手レベルにみる類型

(1) 送り手の意図にもとづく類型

①意図的コミュニケーション（intentional communication）

人間の日常的な活動における行為レベルと行動レベルでなされる。コミュニケーション主体の是非や積極的な意思によっている。社会生活における積極的な行為レベルでは，周囲や環境への配慮などを図り，対人関係にみるコミュニケーション能力の評価などにも関連している。

②無意図的コミュニケーション（non-intentional communication）

無意識，偶発的な状態時に瞬間的になされることで成立するコミュニケーション。主体が消極的でも成立可能な形態である。したがって，対人関係能力だけで判断するものではない。個人のスタイルが，相手の出方に合わせることで成立した場合，一見意図がないように思われるコミュニケーションでも，それが相手から意見を引き出す手法にもとらえられる。逆にパーソナリティが消極的な人間は，当初から相手の誘導によって完結する場合もある。

(2) 受け手の変容を目的とした類型

①説得的コミュニケーション（persuasive communication）

受け手の意見・態度・行動を送り手が意図する方向に動かそうと試みるコミュニケーションである。強制なき同調のスタイルをとる。一般的には，商業宣伝，CM，広報・PR活動などがあげられる。

②非説得的コミュニケーション（non-persuasive communication）

送り手は受け手に対して直接的なメッセージはおこなわず，受け手自身の意

思によって判断させる間接的なコミュニケーションをいう。暗示的なものから模倣や共感を得るような環境を形成させるようなコミュニケーションである。

(3) 次元的類型
① 垂直的コミュニケーション（vertical communication）
社会一般から組織内や集団内の上下関係においてなされるコミュニケーション形態。通常，指示・命令的なコミュニケーションのスタイルをとることが多い。集団や組織の維持には不可欠の形態とされてきた。

垂直的コミュニケーションは，人間関係の上下において典型的な形態であった。ところが時代の変動のなか，階層構造の下層の上層への模倣が顕著にみられた1970年代から1980年代，ライフ・スタイルの垂直的な影響力はコミュニケーション以外にも対象モデルの選択にも多くみられ，垂直的コミュニケーション全盛期という見方もできた。

② 水平的コミュニケーション（horizon communication）
組織内や集団内の人間関係が平等の次元において成立するコミュニケーション形態。社会的な意識が身分や階層の区別を必要としない場面においては，上下関係のない平等にもとづく水平的なコミュニケーションが有効となる。

この水平的コミュニケーションは，垂直的コミュニケーションと同じく機能的な見方ができる。垂直的コミュニケーションがピークの1980年代までは人びとの行動も階層の優位性をもつ人びとに向けられた。ところが，1990年代半ばから，上位下位という視点ではなく，同レベルの階層によってライフ・スタイルの構築が進むようになった。同じ環境をもつ階層構造内で機能する水平的コミュニケーションの優位性が高まった。この背景にあるのは社会構造の分散化傾向がより拡大した社会状況とのかかわりにある。

第Ⅰ部　コミュニケーション編

第4節　コミュニケーション研究

1　コミュニケーション研究の意味

(1) マス・コミュニケーション基礎研究としてのコミュニケーション

　コミュニケーションは「伝達」という意味をもちながら，そのスタイルは機能に応じて分化されていることに注目されたい。また時代や世相によってコミュニケーション・スタイルも変化している様子も気にかける必要がある。マス・コミュニケーション研究上，コミュニケーションの構造・機能分析は基礎研究として，その全体像を探る上のベースになっている。

　今日のコミュニケーション研究では，複数の領域を横断しながら関連領域を統合し，体系化を図るスタイルの確立が急がれている。コミュニケーション世界は，対象領域の分散化により複雑性を増している。体系化を図るための方向は，コミュニケーションがマス・コミュニケーションやマス・メディアの関連から，あらたに独立した「メディア」として位置づけられている現状にある。一言で，マス・コミュニケーション研究，マス・メディア研究，メディア研究というネーミングの使われ方に混乱も多い。それぞれの相違や区別を明確に語ろうとしない。それはまたコミュニケーション論であり，マス・コミュニケーション論，マス・メディア論，メディア論と呼ばれるものと共通の問題となっている。つまりアプローチする対象領域が多彩な状況ということである。

　コミュニケーション研究の基本的姿勢は，日常生活における人間の重要な意思・伝達手段を前提とした研究スタイルであることに変わりはない。むしろあらたなコミュニケーション形態や，コミュニケーション・メディアを取り込むことで，より体系的なコミュニケーション研究を導き出す方向性は尊重すべきである。

(2) コミュニケーション研究の領域

　コミュニケーション研究の対象領域は，一般的には，社会学，心理学，社会心理学，哲学，言語学，情報科学，文化人類学，生物学など多方面にわたって

いる。とくに，語学系ではコミュニケーションをタイトルにした研究は盛んである。大学の専門科目から小中高等学校の教科名，一般の公開講座や教養講座，カルチャースクール全体で用いられている。教育系の分野での広がりは著しい。一概にコミュニケーション研究と呼んでも，その内容や研究方法は多様である。

本書では，コミュニケーション研究を，社会学を主とした研究領域，社会的コミュニケーションを対象の中心に据えている。社会的コミュニケーションとは何か，既に類型づけたように，マス・コミュニケーション研究を指し，メディア・情報・ジャーナリズム研究を包括しながら，コミュニケーション領域の体系化を図り展開する。

2　社会学的コミュニケーション研究

(1) マス・コミュニケーション研究の原点としてのコミュニケーション論

古典的な表記での活字メディアと電波メディアを分析するには，コミュニケーション理論がその原点になると考える。メディアは，伝達・媒体の関係にあり，それがコミュニケーションによって拡散される図式を理解するためにも，コミュニケーション研究は不可欠な視点となっている。マスという付加価値があっても根底にあるのはコミュニケーションそのものである。

マス・コミュニケーション研究とは，それがコミュニケーションの1つであることを認識し，その媒体となるマス・メディアとの関係性から論じることで体系化をめざす科学である。一般的には，研究対象がマス・メディアにシフトし，そこに焦点を当てられ，マスコミ4媒体を中心としたメディア分析を主流として完結する場合が多い。それでもマス・メディア世界のシステム理解を図るためには，コミュニケーションの基礎理論から開始することが重要である。

注
(1) 富永健一，1997年，『環境と情報の社会学——社会環境と文化環境』日科技連出版社，27-28頁。210-211頁。
(2) 同上書，27頁。
(3) 同上書，27-28頁。
(4) Habermas, J., *Theorie des Kommunikativen Handelns,* Bde. 1-2, Suhrkamp,

Verlag, Ffm, 1981.（河上倫逸・M. フーブリヒト・平井俊彦訳『コミュニケイション的行為の理論（上）』未来社，1985年）
(5) 　同上訳書，143-144頁
(6) 　Berelson, B and Janowitz, M (ed), Hovland, C. I., Social Communication, in *Reader in Public opinion and Communication,* The Free Press, 1965. p. 181-189.
(7) 　Osgood, C. E and Sebeok, T. A (ed), *Psycholinguistics,* Indiana University of Press, 1965. p. 1.
(8) 　Cooley, C. H., *The Significant of Communication : A Study of the Larger Mind,* New York, 1909. pp. 61-65.
(9) 　Schramm, W (ed), Schramm, W., How Communication Works, in *The Process and Effect of Mass Communication,* University of Illinois Press, 1954, pp. 3-26.
(10) 　竹内郁郎「社会的コミュニケーションの構造」内川芳美・岡部慶三・竹内郁郎・辻村明編『講座　現代の社会とコミュニケーションⅠ——基礎理論』東京大学出版会，1973年，105頁．
(11) 　コミュニケーションの類型については，阿久津喜弘「コミュニケーション——情報・システム・過程」（1976年）を参照した．

参考文献

W・シュラム編，学習院大学社会学研究室訳，1954年，『新版マス・コミュニケーション——マス・メディアの総合的研究』東京創元社
清水幾太郎，1951年，『社会心理学』岩波書店
南博，1957年，『体系社会心理学』光文社
岡部慶三編，1972年，『社会心理学』新曜社
阿久津喜弘編集・解説，1976年，『現代のエスプリ No. 110　コミュニケーション——情報・システム・過程』至文堂
水原泰介・辻村明編，1984年，『コミュニケーションの社会心理学』東京大学出版会
池内一編，1977年，『講座　社会心理学３——集合現象』東京大学出版会
内川芳美・岡部慶三・竹内郁郎・辻村明編，1973年，『講座　現代の社会とコミュニケーション１——基礎理論』東京大学出版会
林進編，1988年，『コミュニケーション論』有斐閣

第2章
マス・コミュニケーションの基礎

第1節 マス・コミュニケーションの世界

1 マス・コミュニケーションの存在価値

(1) マス・コミュニケーションの必要性

マス・コミュニケーションの存在価値とは，「社会の緊急要請に対応する有効な手段」としての機能である[1]。

人間社会ではいかなる時も自己や集団の環境，自己や集団の安全を維持続けることに神経を配ってきた。人間は，自己や集団に危険や危機的状況が生じることを予測し，それを知らせてくれる何かを必要としてきた。その結果，人間はさまざまな事柄，自己の決定に判断をくだしてくれる情報をマス・コミュニケーションに求めることになった。リスク社会と呼ばれる昨今，その機能をマス・メディアに求める必要性は増している。緊急放送などメディアが機能する機会はより拡大している。

(2) マス・コミュニケーションの多様性

今日，マス・コミュニケーションという用語は，テレビ・ラジオ・新聞・雑誌という通称マスコミ4媒体に，映画や広告など，その媒体を総合的に表示する意味をもって一般に浸透してきた。そしてマス・コミュニケーションの媒体を意味するマス・メディアは，本質的には組織された1つの集団としての性格をもっている。この集団は，同一の内容をほぼ同時に大多数の人びとに流布させる役割を担っている。

通常，マス・コミュニケーション研究と呼ばれる研究方法と意味解釈は多岐にわたり複雑なものである。それを認識し，マス・コミュニケーションという世界を構造と機能の側面からアプローチし，分析を続けることは不可欠である。マス・コミュニケーションのしくみとは，働きとは，それが周囲に及ぼした影響過程とは，その一連の過程を追いながらマス・コミュニケーション研究ははじまっていく。

2 マス・コミュニケーション研究の視点

(1) 大規模で複雑な社会をカバー

現代社会のマス・コミュニケーションの特徴は，大規模で複雑な社会を多方面においてカバーしていることである。かつての村落規模の社会では，集落ごとの全体を代表とした長老や庄屋の存在，災害安全面役の見張り番，幼児や子どものしつけをする両親，子どもたちの教育面をみる教師役がいた。娯楽面では，旅芸人や旅商人たちがその役割を担ってきた。

しかし今日では，こうした集落ごとの仕事を各個人に課すにはあまりに大きな負担を強いることになってしまった。もはや集落ではなくなり，地域社会としての規模の拡大は，都市的世界を生んだ。これまで個人が担当してきた役割を個人がカバーするには不可能な環境となった。人びとが依存し，満足させる対象も拡大している。その現状に応えられるものも限られている。社会の拡大は，個々の役割も分化される時代に入った。そこで登場したのが個人に代わる役割を果たす，マス・コミュニケーションの存在であった。

(2) マス・コミュニケーション研究の意義

W・シュラムいわく，現代社会のコミュニケーションは，1人の個人がゲートキーパーとして十分に役立ち，1人の流しの歌手によって娯楽が十分に提供された時代からみれば，とてつもなく遠く隔たったところまで来ている。これら現代のコミュニケーション組織があまりにも大きく複雑で強力であるために，それらが果たそうとしていることや，とろうとしている手段を知ることが重要になってくる。ゲートキーパーや流しの歌手を検討することよりも，マス・メ

第2章 マス・コミュニケーションの基礎

ディアを検討する方がはるかに困難である。⁽²⁾

　マス・コミュニケーションの巨大化は，ある意味で社会の役割分化に適したスタイルを備えるのに十分である。今日のマスコミは，強大で複雑な組織から構成されている。それゆえにマスコミが人間生活におよぼす影響は多大である。複雑な構造と多岐にわたる機能をもつ，マス・コミュニケーションの世界を研究対象として検討する意義は，多方面から求められている。その分析のためにマス・コミュニケーションの構造を明らかにし，伝達過程，機能分析へと展開したい。

第2節　マス・コミュニケーションの構造

1　マス・コミュニケーションとは

(1) マス・コミュニケーションの概念

　コミュニケーションの1つである社会的コミュニケーションとして，マス・コミュニケーションは位置づけられた。本章では，社会的コミュニケーションであるマス・コミュニケーションの世界について論じる。

　マス・コミュニケーションを一言でいうと，「大衆伝達」である。一般的には，「送り手が不特定多数の受け手を対象に，マス・メディア（テレビ・ラジオ・新聞・雑誌など）を通じて，大量に記号・情報が伝達される過程」である。これは極めてオーソドックスな概念であるとともに，マス・コミュニケーションの本質を明確に表示しているといえよう。一般社会においてマス・コミュニケーションは，大多数の人びとに記号や情報を伝達するプロセスそのものとして考えられている。そして，それを媒体しているのがマス・メディア「大衆における媒体」である。

(2) マス・メディアの特質

　マス・メディアの特質はその組織構成にある。新聞は新聞社というなかで多くの人びとがその任務に従事する1つの集団によって成り立っている。新聞は記者から配信されたニュースを記者自らが取材し，デスクを経て，編集され，

それに論説などが加わり紙面は完成する。記事以外でも新聞は新聞紙面の広告を売ったり事業面を取りあつかったりする販売・広告局の存在がある。完成した新聞は，一般読者まで流通される過程において，配達・搬送から新聞販売店までの一連のルートには大勢の人びとがかかわっている。

　テレビ局という集団は，ニュースや娯楽などを制作し，編成・提供するスタッフ，放送を技術的な側面で支えるスタッフ，番組スポットを販売し事業部門を取りあつかうスタッフなどがいる。局のソフトやハードの部分などを含めると，多様な人びとからなる1つの集団である。とくに大都市のテレビジョン・ネットワークは，膨大で複雑な組織によって構成されている。出版や映画配給会社などにおいてもほぼ同様な組織構成によっている。

(3) マス・メディアの専門分業化

　マス・メディアの送り手（ここではテレビ局，ラジオ局，新聞社，出版社，広告代理店，プロダクションなど）はみな専門的な組織集団であること。どの組織も分業的な協同作業によってメッセージ内容を生産・伝達している。メッセージ内容は誰にでも受け取られ理解されるように「公開的」で，一般的性質の意味をもっている。メッセージ内容の伝達機会が「定期化」（テレビ番組欄や新聞の宅配制度，雑誌の週刊・月刊化など）されている。送り手と受け手の役割が「固定化」され，フィードバック過程が「限定的」である。

　近年ではメディアの技術的発達が，テレビや新聞・雑誌などのマス・メディア以外に，個人のパーソナル・コンピュータによる通信（電子メール，インターネット環境），ファクシミリや移動携帯電話の端末使用，衛星通信などに代表されるコミュニケーション・メディアの普及により，著しい進歩を遂げている。とくに，ペーパーレス化もはじまり，電子書籍などの登場もみる。コミュニケーション・ネットワーク上には，送り手と受け手が複雑に絡み合い，パブリックからパーソナルな側面が重視されるようになり，マス・コミュニケーションをめぐるメディア・フレームも大きく変化している。

(4) マス・メディアの一般的活動

　最後にマス・メディアの一般的活動について触れてみる。

① 報道活動

　報道活動はマス・コミュニケーションの中心的役割を担う。各種の事件やトピックについて発生や推移，背景や経緯に関する情報をリアルに客観的に伝える。国内はもちろん海外のニュース，災害や緊急時の速報など瞬時に配信する。マス・メディアのもっともスタンダードかつ重要な活動である。

② 評論活動

　客観的に報道された情報内容に，ある一定の主張や意見，解説などを加えて伝える。あるトピックにバランスを配置した識者のコメントや論説委員などが総合的な見解を述べる。送り手側のもつ立場が明確に受け手に伝わることが前提となる。しかし，解説内容のバランスが崩れることで，評論内容がそのまま受け手の理解となる場合も多い。メディアの媒体にみるスタンスの違いは，オーディエンスの認識力に反映される。コメント内容の是非を判断するには送り手側の影響度（信用度）が強く，配信内容を鵜呑みにする受け手は多い。マス・メディアの客観報道をめぐる対象となる。

③ 教養活動

　マス・メディア側は，大手になるほど各種の文化的な企画を取り上げ，教育や啓蒙的内容をサポートする。各種の教室・サークルの運営などマスコミ主催・協賛のイベントは数多い。趣味・嗜好などの領域から教養活動と絡んだ企画も多様である。大都市から地方都市のマス・メディアは，各種の文化的イベントをカバーし，その内容を報道することで，地域貢献などにつくしている。

④ 娯楽活動

　余暇・レジャー情報や，スポーツなどのエンタティンメント的なコンテンツを多数提供する。余暇時間の増加と結合し，マスコミが娯楽活動をアレンジする役割は高くなっている。娯楽的内容のテレビ番組などに深くかかわり，スポンサーになる機会も多い。ただ，景気に左右されるものの各種の冠イベントは，マスコミが一大エンタティンメント産業を担っていることに疑いをもたない。

⑤ 宣伝・広告活動

　一般的にマスコミは利益を求める企業でもある。さまざまな活動を維持していく上でスポンサー依存は高い。各企業や団体などの PR・広報活動はマス・メディアを利用して発信する舞台をつくる。マスコミがスポンサー頼りである

ことは，特定の政治的あるいは商業的な意図を，間接的に多くの人びとに流布することになり得る問題点も抱えている。

娯楽活動同様に，経済や景気変動に大きく左右されながらもマスコミを用いた効果は絶大である。マスコミ側も企業の広報活動を受けることにおいて利益追求の企業であることを世に示している。

2 マス・コミュニケーションの過程

(1) マス・コミュニケーションのプロセス

マス・コミュニケーションの過程研究として，H・D・ラスウェルはコミュニケーション・プロセスの提示を試みた。[3]

① 「誰が」すなわち送り手について研究する学者は，コミュニケーション活動の発生とかつそれを方向づける諸要素の研究に従事している。この研究領域分野を一般的にコントロール分析と呼ぶ。コントロール分析は常に主体に焦点を向ける。主体とはつまりマス・メディアであることが多い。

② 「何に」ついてに，焦点を向ける学者はその内容分析に従事している。内容分析はしばしばメディア分析と共通性をもつ。ただし，ここでの分析対象は，メディアの目的を重視するために，広く情報とカテゴリー分析となる。

③ 「通路」として，ラジオ・新聞・映画その他のコミュニケーションを対象として研究する場合，これをメディア分析と呼ぶ。媒体を意味するメディアそのものを対象とし，コンテンツ分析が中心となる。

④ 「誰」に向けられた研究なのかは，それがメディアを通じて受け取った人間に対して関心を向けることになった時点で，その研究を受け手分析と呼ぶ。この場合，メディアそのものの視聴形態や受け手状況をみる。極めて送り手の環境を重視する。

⑤ 「効果」を知るには，受け手に与える影響や衝撃に論点が向けられる時，それは効果分析となる。単なる受け手分析ではなく，受け手のライフ・スタイルなどの影響過程までその研究対象は拡大する。マスコミ研究で

第2章 マス・コミュニケーションの基礎

も効果分析は，多くの研究成果を世に送っている。

マス・コミュニケーション研究のプロセスとは，「誰が」（送り手），「何について」（領域・内容），いかなる「通路」（選択内容・チャンネル）で，「誰に」（受け手）向けられ，どんな「効果」（影響・結果）を得たのかを解明することである。このラスウェルの指摘は，マス・コミュニケーション研究の方法論としても歴史的な評価を得ることになった。ラスウェルのマス・コミュニケーション過程を整理すると，「誰が」は，情報を流す送り手をあらわし，「何について」は，その情報の内容と意味を指している。「通路」とは，情報を媒体する内容である。「効果」は，まさにその情報を受容した時点の受け手の影響度合いを示すことになる。ラスウェルはこのような区分の有効性については，科学的に取りあつかうための目的に応じて決定されるとしている。

(2) コミュニケーション・プロセスのモデル

コミュニケーション・プロセスによるモデルからみた伝達過程として D・K・バーロの研究がある。[4] 人間社会におけるコミュニケーション状況にみる伝達過程である。

第1に必ず送り手受け手の図式による複数の集団が存在する。ここにある何らかの観念なり欲求が送り手と受け手によって共有される時，情報やコミュニケーションの目的が成立する。送り手は当然のようにメッセージの発信にあたり，受け手の状況を把握する。その結果，意図する内容に沿った人間相互の理解となり，コミュニケーションそのものが意味をもつ。

第2に目的遂行のためにはメッセージが必要となる。当然送り手の目的はメッセージによってなされる。そのメッセージは，受け手の欲求に応えるものであるのは必然だが，必ずしもそうならない場合もある。

第3に送り手の目的はある記号，ある言語に変換されるか，記号化体が必要となる。記号化体は送り手である発信体の考えを受け取り，それを記号におきかえて，発信体の目的をメッセージの形式に表現する役割を担っている。記号そのものは，その時々の時勢により，解釈が異なり，送り手や受け手の都合によって，記号的メッセージそのものが混乱することもあり得る。

第4にチャンネルの存在がある。チャンネルは複数の異なった見方でとらえ

ることができる。チャンネルの選択は多くの場合，コミュニケーションの効果を生む重要な要因となっている。チャンネル選択は主に受け手に委ねられる場合が多い。しかし，選択チャンネルが固定された階層などでは，内容の理解度に温度差が生じることも多い。

　基礎的なコミュニケーションの要素は以上であるが，第5の記号解読体にも注目したい。発信体が自己の目的をメッセージに変換するには，その目的を記号で表現する記号化体を必要とする。受信体はメッセージを解読しそれを受信体が使用できるような形式にするために，メッセージを再変換する記号解読体を必要とする。記号解読体は，メッセージ内容の紹介や解説，評論などが考えられる。記号解読体の内容そのものによっては受け手に何らかのインパルスを与えることにもなる。

　最終的には，第6のコミュニケーション受信体によって送り手と受け手のプロセスが完成する。媒体されそれを受信する条件がこれにあたる。この条件はコミュニケーション・メディアの進化にもかかわり，時代ごとのハード的側面にみられる。

(3) バーロの6つの要素

　バーロのコミュニケーション・プロセスを以下のように整理しておきたい。
① コミュニケーション発信体（情報発信母体そのもの）
② 記号化体（送り手の意図に潜在するシグナル）
③ メッセージ（送り手の意図を反映させる文脈）
④ チャンネル（受け手の欲求充足度による選択）
⑤ 記号解読体（コンテンツの照会，宣伝媒体）
⑥ コミュニケーション受信体（受け手のハード的環境）

　複雑なコミュニケーション・プロセスは，自然科学的な過程をもとにしたマス・コミュニケーションの伝達過程モデルでもある。

第3節　マス・コミュニケーションの機能

1　マス・コミュニケーションの過程における機能

(1) H・D・ラスウェルの分類

　マス・コミュニケーションの機能については，古典理論でありながら現代でも十分に適応可能なラスウェルの3分類から取り上げてみたい。ラスウェルのマス・コミュニケーションの機能は，マスコミ自体を極めてオーソドックスにまとめ，功罪を含んだプロセスから論じている[(5)]。

　歴史的な過程においてもマスコミの役割が変化していく様子を理解するには格好の分類でもある。

① 環境監視の機能

　マスコミの存在価値にあるこの機能は社会や集団における人びとの生活環境を監視する役割である。規模の小さい村落的な社会であれば，その集団のなかで任された役割の人間が見晴らしのきく場所で，住民たちの環境を絶えず監視する。天候の変化や危機管理的部分を含んださまざまな情報を住民たちに伝達した。しかし今日のような都市化が進展した社会状況では，村落社会のような次元で住民の生活環境を監視することは物理的に不可能である。それに代わりマス・メディアが情報を提供することになった。

　さらにコンパクトな地域社会や，都市のエリア区分が分化した今日，コミュニケーション・メディアの発達において，コミュニティを中心とした環境監視機関の登場をみることも多い。

② 環境に適応する場合の構成要素間の相互作用

　この機能はその社会に所属するメンバーたちが自分たちの生活環境に対し，自ら話し合い，意思決定をくだすことである。村落社会では，その村の長老やキーパーソンが中心となりそこでの政策を決定する。国家レベルであれば，政府と世論との相互関係によってその方向が定まるであろう。

　今日では人びとに直面する政策への意見や論評などの判断材料を提供する役割はマス・メディアに移った。とくに，オピニオン・リーダーと称される論客

や，情報や知識に長けた人びとのメディア露出によって一般国民の意識に影響を与える役目も果たしている。

③世代から世代への社会的遺産の伝達

この機能は集団や組織，国家などで決定された政策など，当該社会の大人たちが世代をとおして伝達する役割を担った。これには家庭のしつけから学校での教育的な指導も含まれた。しかし現代では，そうした役割もマス・メディアが代替するようになっている。とくに近年のアーカイブ系のソフト維持や市販などの充実は，かつての記録が多様なスタイルで継承されていく様子をみることができる。デジタル化にともないマス・メディアの果たす役割もより重要になった。

ラスウェルのマス・コミュニケーションの機能は社会的コミュニケーションの過程において成立する。環境の監視によって，地域社会の共同体を構成する単位の安全を維持するとともに，その地域発展の機会を担うはたらきをもつ。環境に反応する場合の構成要素間の相互作用での人びとのかかわりが連続的であることを証明する。そして社会的遺産の伝達においてはまさしく，人間であるとともに，人類史上の事実を明らかにし，社会の進化に必要な資源を後世に残すことになる。

(2) W・シュラムの分類

つぎにシュラムの3分類である。シュラムはマス・コミュニケーションの機能という側面からラスウェルと同次元の意味の分類となっている[6]。

①見張りの機能（watcher）

この機能は，日常，人びとがマス・メディアなどの報道により受容する多くの情報のなかから，その内容が正しいか否かの判断材料をマス・メディア自ら提供することである。同時に新聞・雑誌・テレビなどの解説も報道というスタイルをとりながら，受け手に対してゲートキーパーの役割も担っている。

②討論の機能（forum）

この機能は，人びとが多様な状況のなかで得た情報から，その問題点や論点などを総合的に整理し，どのような対応をとるべきかを検討する場をマス・メディアが提供することである。各メディア機関における主張や論評などがこれ

にあたり，問題提起などの形で世論に投げかける。その反応として人びとの集合的見解が世論を形成し，それに対する別の見解が登場したりする。選択すべき問題に対し，討論や話し合いなどの環境を促進させるのがマス・メディアである。

③ 教師の機能（teacher）

この機能は日常の出来事のなかで発生したさまざまな問題，情報，課題など，それを必要としている人びとに解説しながら伝達することである。その場合，解説記事や特集記事などはその時勢に沿った内容が多い。もっともホットな内容を伝えることは人びとの知識を高めることにもなる。マス・メディアの教養番組や教育機関向け番組，プログラムの提供などが中心となる。

2 マス・メディアの社会的機能

(1) P・F・ラザースフェルドとR・K・マートンの分類

ラザースフェルドとマートンは，マス・コミュニケーションの社会的機能を3分類する。[7]この機能は現代社会のマス・メディアの問題をシンボリックに提示し，あらたな議論を求めるには適切な機能分類である。

① 地位付与の機能

この機能はマス・コミュニケーションが社会的な問題，人物，組織および社会的活動を対象とするモデルに地位を付与することである。マス・メディアはそれぞれの状況に応じた個人や集団の地位を正当化し，彼らに威信・プレステージを与え彼らの権威を高めるはたらきをする。

たとえば，ある個人に集中的にスポットをあてた新聞やテレビなどの配信記事，雑誌などでシンボリックに取り上げられたニュースにみられよう。そこで取りげ上げられた個人はこれまでは大衆のなかでは無名だった。ところがメディアで選び出された個人は一夜にして話題の人物になる。そして選ばれた特定の個人の行動や意見はその後，大多数の人びとの注目の的になってしまう。マス・メディアのスポットに当った人たちは高い地位におかれ，羨望のまなざしを受けることにもなる。巨大で強力なマスコミの世界から注目を浴びるステージを提供されたことでその地位は高められる。

② 社会規範の強制の機能

　この機能はある個人や集団などが公の道徳や規範に背いた時，マス・メディアはその出来事を明るみに出す。そして組織的な社会的行動としての口火を切る。各個人や集団にとって社会規範に逸脱した事実が表出されるということは，自分自身にも同じような状況が生まれる可能性があることを感じとる。結果的に，人びとの欲望や衝動を抑止する役目を果たすことにもなる。

　通常，多くの人びとはこうした規範を煩わしく思い，自分や他人に対してもある程度配慮されることを望んでいる。そのため，現実に逸脱行為が生じても個人的にはそれを許してしまうことが多い。しかし，その人間が社会の規範に従うか否か，自己の立場を公にしなければならなくなった時，どうしても既存の態度を続けることはできなくなる。社会規範の逸脱が明らかになることは，その集団のメンバー内に違反が起こったことを強制的に公表することになる。公表されるということは，「個人的な態度」と「公の道徳」とのあいだにギャップがあることを許さない。社会的規範の強制というこの機能は，今日，多数のマス・メディアによって多用されている。新聞や雑誌などでは，すでに世間に知られている違反の事実を，公衆の前に暴露する。暴露されることで，個人的に許容されたと信じ込んでいる人でも，そうしてはいられず公の対応をせざる得なくなってしまう。その結果，あらゆる個人は自己の立場を明確にする行動にかられることになる。

③ 麻酔的悪作用の機能

　この機能は一般の読者や視聴者がマス・メディアによる情報の洪水にさらされると，単に情報をキャッチすることよりもその情報過多に麻痺させられてしまう。情報の波に日常追われることが多くなるほど，自己の仕事やノルマを処理する時間が削減される。

　人びとは関心のあるさまざまな話題にかかわる記事に触れる。その内容には人びとがどのような判断をし，対応していくかの行動パターンについて論じられることも多い。しかし情報過多に陥ることで，特定の情報から正確な内容をよみとることが不可能になる。とくに政治やイデオロギーに関する争点などの判断は重要である。マス・メディアから送られた情報量だけで満足してしまうことは危険でもある。与えられた情報量によって個人が選択し行動したという

錯覚に陥ることも少なくない。結局，マス・メディアからキャッチした情報は，現実の社会問題に対する2次的な接触にあたり，直接的な1次情報ではない。したがって，多くの人びとは情報の洪水に覆われた内容から実際の行動に移ることが多い。

　ある意味この麻酔的悪作用の機能は，マス・コミュニケーション効果を最大限象徴しているのではないか。マスコミによって麻痺させられてしまうことで人間自身が，それを感じさせない状況に陥ってしまう。マス・メディアの進展によって多くの人びとの入手する情報の質は高まった。しかし，受け手側の意図とは関係なく，マス・コミュニケーションから受容するものが増加するほど，それが無意識のうちに人びとの主体的な行動や判断を鈍らせてしまう懸念は大きいといえよう。

　情報社会からメディア社会，氾濫した情報を正確にキャッチしなくてはならない状況下では，メディアによる誘導や世論操作などの問題も増大してきた。一般の人びとのメディア・リテラシーが今こそ，必要になっていることをこの機能は示している。

第4節　マス・コミュニケーションの受容過程

1　受容過程研究のはじまり

(1) ラジオ・リスニング調査

　マス・コミュニケーションの受容過程研究に欠くことができないのは，受け手調査（audience research）である。受け手調査研究は1940年代のマス・コミュニケーション理論研究，とくに受容過程研究の領域で多大な成果をなし得た古典研究でもある。受け手調査はコロンビア大学応用社会調査研究所のラザースフェルドによる，ラジオ・リスニングや嗜好番組のリスニング・パターン調査が源流である。[8]

　本調査では受け手の階層や好みといった個人の行動パターンを知る上で貴重な成果を得た。ラジオから始まった受け手調査はつぎに新聞へとメディア全般の嗜好を知る上でもその効果を発揮する。今日でもテレビ視聴率調査などは，

単に番組評価をみるだけではなく、視聴者の背後に存在する個人個人の行動や嗜好、消費選択パターンなどを幅広く知るための貴重な資料となっている。

　受け手調査の最大の特徴は、マス・コミュニケーション内容から人びとがキャッチするものを具体的に探ることである。送り手・受け手というマス・コミュニケーションの相互過程から得たのは、送り手側にとって有効な情報になることが明確になり、この研究領域が発展していく大きな要因となった。受容過程分析が効果分析と連関していることは、説得的コミュニケーション研究にも効果を発揮している。

(2) 受容研究の本質

　受け手調査の研究方法は、実際の人びとのマス・コミュニケーション行動事実を観察するという手法である。具体的には調査票を用意してその各設問に対する質問紙調査や面接や事例インタビューなどによっている。調査対象者が多く、統計的な数字を知る場合の量的調査や、詳細な考えや意見などの回答を求めた質的調査などがこれにあたる。それぞれの調査結果から得た知見としての資料は、統計的な処理や記述的方法によって分析する。

　受容過程研究の本質が説得的コミュニケーションにかかわることで、送り手側による受け手の意図を知ることが何よりもまして重要になってくる。マス・メディアにとってばかりでなく企業などマーケターの世界でも入手したい情報が盛りだくさんである。組織維持のためにも目的を達成するためにも相手の出方を知るためにも受け手調査の意味はますますその比重を増している。

　受け手調査の最初の研究成果は、『ピープルズ・チョイス』で明らかにされた。1940年のアメリカ大統領選挙における投票行動の過程分析である。続いて1955年に実施された日常生活にみるコミュニケーションの影響の流れ分析などの結果を論じた『パーソナル・インフルエンス』があげられる。いずれの研究成果もマスコミ効果論の視点からいまなお色あせない研究となっている。

2 マス・コミュニケーションの受容過程研究

(1) D・カートライトの誘発過程

　受容過程研究はマス・コミュニケーションに対して，人びとが感情面での誘発を受ける心理的過程を対象とした。その過程をミシガン大学のカートライトは，説得を意図したコミュニケーションが相手に効果をもたせるため，人びとの内面に一連の心理的状況が誘発される過程を明らかにした。[9]

　カートライトのいう具体的な誘発過程は，第1に「特定の認知構造の形成」である。これは受け手に送り手の対象モデルを知らせることである。送り手の意図する姿を理解させねばならない。

　第2に「特定の動機的構造の形成」である。送り手の意図を，受け手がキャッチすることで，受け手を送り手の対象モデルに向かわせることができる。

　第3に「特定の行動的構造の形成」である。これは実質的な選択行動であり，受け手に送り手の対象モデルを選択させることである。

　誘発過程は受容過程研究の複数のパターンに共通する考え方であり，宣伝効果や消費行動などマーケティングの世界でも積極的に活用されている。

(2) マス・コミュニケーションの受容過程

　カートライトの指摘した説得的コミュニケーションは，個々人の内面にある心理状態をある一定の方向に誘い出すことにある。とくに，認知（相手に知ってもらう）・動機（興味を抱いてもらう）・行動（誘いに乗ってもらう）とする図式はマス・コミュニケーションの受容過程そのものといえる。人びとの行為は最初にその内容を彼らが認知することからはじまる。それには何らかの動機が存在するわけで，その動機には人びとの社会環境や準拠集団などの影響が絡んでいる。それらが影響をもたせながら実際の行動へと展開していく。

　説得的コミュニケーションは受容過程にみる連続的な流れにいかに効果をもたせるか。それは送り手と受け手の双方の意識に基づいたフィードバック効果との関係をみることができる。説得的コミュニケーションのポイントは，強制とか圧力とかをかけずに送り手の意図した方向に受け手を向かわせるスタイルである。

第5節　マス・コミュニケーションの効果論

1　効果分析のスタイル

(1) 効果分析の立場

　受け手調査は効果分析（effect analysis）を生んだ。つまり受け手調査がコミュニケーションの受け手側を対象とするように，効果分析はコミュニケーションの受容過程を送り手側からとらえる立場である。送り手側は受け手の事情を理解することで，マス・メディアの有効性と説得的コミュニケーションとしての役割をより鮮明にすることができる。

　マス・コミュニケーションの受容過程研究は，受け手調査と効果分析の両アプローチを中心としながら，今日まで発展を続けてきた。受容過程研究における受け手調査は，マス・コミュニケーションの内容から人びとが何を得て，それが人びとの行動パターンにどのような影響をおよぼしているかという極めて現実的な問題の解明をめざしている。その結果に注目するのはマス・コミュニケーションの送り手であることから，受け手調査は両者にとって有効な手段となっている。

(2) 効果分析の目的

　古典理論の一つである効果分析は，エール大学のホヴランドが中心となり研究を開始した。ホヴランドは効果分析の目的を説得的コミュニケーションからとらえた。受け手分析とは，対照的に送り手の側からどのような意図をもち受け手に対して，コミュニケーションを伝達するのか，その目的は何なのかを明らかにしようとする。受け手側の具体的な効果を知ることは，送り手側のコミュニケーション意図がどの程度進んでいるのかを計る基準でもある。送り手側としては必要不可欠な資料となる。

2 効果分析のプロセス

(1) L・W・ドゥーブの過程

　ドゥーブは送り手の意図する方向に，受け手の意見・態度あるいは行動が，変容することに注目した。そこには送り手・メッセージ・媒体・受け手・状況などの諸要因の存在を明らかにするものであった[11]。複数の要因からとくに説得的コミュニケーションの効果を媒介とする宣伝効果が形成されるつぎの過程に注目した。

　第1は「人びとが知覚される段階」。この段階は送り手が受け手に具体的なモデルを示すことである。ここで示されたモデルは受け手が認知することにほかならない。

　第2は「宣伝がめざしている最終目標に人びとが何らかの形で関連をもち，かつそれに先行すると考えられる反応の起こる段階」。この段階では送り手が示したモデルに関心をもち，そのモデルをもっと深く知りたいと思うことである。興味の度合いが深まる状態に進展することである。

　第3は「宣伝内容を学習しそれを承認する段階」。この段階に入ると，送り手の示したモデルに対し，受け手が好意的な判断することである。ほぼ送り手の意図した方向に受け手が進んでいる証である。

　そして第4は「外面的な行動として結果する段階」。これは送り手によって示されたモデルを受け手が直接入手することである。宣伝効果の次元から最終的な行動段階に入り結果を出す。

　ドゥーブは受容過程の構造を宣伝の面から論じながら，最初に人びとの知覚によって反応した効果に注目した。つまりその効果を人びとが学習し承認すれば，外面的な行動を起こすことになる。宣伝という説得的コミュニケーションそのものの効果をみるための段階を，受け手側の動きに沿って追っていく方法である。具体的にプレゼンテーションされた商品が送り手から離れて受け手へと伝わっていくプロセスを理解するにはわかりやすい指摘となっている。

(2) C・I・ホヴランドの過程

　ホヴランドはマス・メディア相互間の効果性を比較する場合から効果分析の

過程を論じた。多くのマス・メディアに共通している関心は，送り手の望む内容がいかに多くの受け手によって賛同を得るのか。ホヴランドはつぎのように説明した。[12]

第1に「相手の注意を惹きつける」。まず，対象相手に送り手の意図する内容を知ってもらうことである。

第2に「情報や知識を理解させる」。送り手の内容を具体的に示す。相手に対し，それを選択することでどのようなメリットを得るのかの理解に努める。

第3に「意見や態度を変化させる」。これまで固定していた相手の考えや態度を心変わりさせ，送り手側が示す内容が有利なものであるとの認識を少しずつ抱いてもらう。

第4に「特定の行動を誘引する」。最後は相手をこちらの希望に沿った具体的な行動をとってもらい完結する。

マス・メディア相互間にある比較から述べたホヴランドのプロセスは，オーソドックスな受け手効果論である。人びとの関心はコミュニケーション内容に対して注意が惹きつけられることにある。注意がおよばないならその情報は認知されない。注意が向けばあとはその情報を認知させるだけである。その情報を理解すればその内容に対して人びとは意見を述べ，各人の態度を表明する。そして選択された行動体系を示す。受容過程の構造を明らかにする上でも，ドゥーブ同様に，ホヴランドの効果分析の過程は，コミュニケーション過程の有効性を示した研究となっている。

(3) J・T・クラッパーの効果分析

マス・コミュニケーション効果分析研究の代表がクラッパーである。クラッパーは，マス・コミュニケーションの効果分析のプロセスを5分類しながら論じている。[13]

第1の「創造」（あらたな関心）である。これは最初に何の意見ももっていない人びとのあいだに，あるトピックについて新しく意見や態度をつくりだす環境を送り手が提示することである。受け手を無関心から関心の状態へ誘い出すことである。

第2は「補強」（態度がより頑なに）である。送り手がいかなる手段を用いて

誘いをかけても一切影響を受けない。逆に受け手がもつ既存の価値観や態度がより補強されることである。いかに新しいものを提示しても人びとは一向に動じることはなく，むしろ既存の態度をより頑なにしてしまうことである。

第3は「小さな変化」（態度の緩み）である。これは人びとがすでにもっている既存の態度は変わらないにしても，その態度を以前より柔軟にして新しいものを受けつける期待が芽生えつつあることである。

第4は「変改」（態度の変容）である。これは人びとが既存の考えを捨てて他の新しい考えを採用する。送り手がめざすもっとも大きな結果である。

最後の第5は「効果なし」（変化なし）である。少なくとも理論的に考えられる無効果である。いくら努力しても結局は受け手の考えを送り手側に向けることは不可能であること。効果なしには送り手が頑なに既存の態度に固執することや，信念をもって既存の商品やモデルを愛用している場合などにみられる。

クラッパーは効果分析のなかで人びとの行動や態度に変化をもたらす要因を明らかにし，受容の際の傾向やその場合の人びとの背景や準拠集団の問題までふみ込んでいる。マス・コミュニケーションの流れ研究などの関連からの研究成果も多い。効果分析がもたらすマスコミ世界のスタイルは大衆操作にみられる世論操作などの問題に関連づけられていく。

3 マス・メディアの接触行動

(1) マス・メディア接触のパターン

受容過程の初発的な局面を構成するのが接触という行動である。この行動は人びとがマス・メディアに接触し，その内容を見て，耳にするところからはじまる。ある1つのメディアに対して，平均以上の接触をする人は，他の種類のメディアに対しても平均以上の接触をする傾向があるとの説にもよる。

コミュニケーション内容との接触もそうである。そこには社会的属性と嗜好の関係が浮かび上がる。どんな種類の内容が，どのような特性をもった人びとに選択され，または嗜好されているかの実態は，多くの分析結果から社会的属性によってみることができる。社会的属性とは，性別，年齢，職業，学歴，所得，経済的地位，社会的地位，そして居住地域などをいう。彼らが接触する人

間関係においても、嗜好しているマス・コミュニケーションの内容とかなり密接な結びつきがみられる。

　また、後天的な環境からの影響のおよぼし合いとして先有傾向と接触行動があげられる。先有傾向（predisposition）とは、人びとが過去の経験にもとづいて蓄積されてきた意識・関心・意見・態度などの産物である。先有傾向は具体的なコミュニケーション行動に際して、これに見合った内容を受け入れ、同類と共有世界を形成する。これと異質的な内容は拒否するはたらきをもつ。

　そしてある人がマス・コミュニケーション内容のなかからある部分を選びとるという行動は、その人の欲求を充足させてくれると期待される手がかりをその内容のなかに知覚する。それに対して動機づけられた時に起こるものと解釈される。コミュニケーションの接触行動による機能的要件充足の意味合いをもっている。

(2) シンボリックな意味解釈行動

　マス・コミュニケーション内容においても受け手側の諸条件によって、その意味づけにさまざまなバリエーションが生ずる。マス・コミュニケーションの内容について、各個人でシンボリックな解釈性が発生する。これは意味解釈の多様性でもある。つまり選択された内容が、それを選択した限りの人びとすべてが、均一的な理解と解釈をしていることはあり得ない。コミュニケーション内容を受け手が認知する場合、受け手個人の生理的・心理的欲求や期待によって変化することは、社会心理学的に考えても明らかである。

　この意味解釈行動におけるもう1つの注目は、受け手のもつ先有傾向の強さである。コミュニケーションの理解や説得内容の承認、それを受ける人びとの既存の態度や見解などは先有傾向の如何によって大きく左右されている。それは後天的な社会環境などに影響を受け、学習された結果でもある。

　人びとの先有傾向は、個々人が過去の長い生活体験にもとづいて蓄積されてきた環境処理のための準拠枠でもある。人びとはこれに頼って行動し生活する限り、これまでもその環境に安心して対処することができてきたし、これからもできると信じている。経験の積み重ねが数を増してくれば増してくるだけ、準拠枠は安定性を獲得し、構造化され、動かしがたいものになる。人びとがマ

ス・コミュニケーション環境における行動のなかで示す先有傾向は，個々人が生活してきた社会特有の文化的スタイルに共有されたものでもある。その社会はかなり第1次的な関係をもつ集団で支持されてきたスタイルである。第1次的な社会に特有な文化パターンが存在し，その社会で生活する人びとの行動によって形成されてきたものである。その社会のメンバーに分担され伝達されることを通じて社会の統合と存続を可能にする役割を果たしているものである。人びとの先有傾向は，もっとも直接的な社会的支持の源泉によっている。日常生活を営む人びと，メンバー相互が親密な関係によって成立している小集団の支持が背景に存在している。[14]

(3) 受容過程研究の最終結果としての効果

マス・コミュニケーションの効果は接触行動，意味解釈行動に続いて，受容過程の最終的段階を構成する反応行動である。マス・コミュニケーション内容のインパクトによって，人びとの心理的（外的）システムの上に生じた何らかの形での変化の様相である。

効果が改変されるのは，通常，補強効果に寄与することの多い媒介的諸要因が機能しなくなり，マス・コミュニケーション効果が直接的になる場合である。つまり要因自体が補強よりむしろ改変を促す要因として機能することである。そこには個人の行動や意識を変える衝動や衝撃という要因があげられる。個人間の社会的相互作用より，マス・コミュニケーションの強力的な機能が効果として発揮されることにもなる。

また個人が帰属し影響を受けている準拠集団が存在しているにもかかわらず先有傾向を支持する源泉，とくに人びとが直接その信念や態度を負っている集団規範が，組織内における人間関係の不信や混乱によるゆがみ，外的環境などから受けるインパルスによってその支持機能を失っている時，人びとはマス・コミュニケーションによって比較的意見や態度の変容を受けることが多くなっている。この流れからマスコミ強力効果論が発揮される状況が形成される。

注
(1) Schramm, W (ed), 1949, *Mass Communications,* University of Illinois Press.（学習

院大学社会学研究室訳『新版マス・コミュニケーション研究——マス・メディアの総合的研究』東京創元社，1954年，64頁）
(2) 同上訳書，65頁。
(3) 同上訳書，66頁。
(4) Berlo, D. K., 1960. *The Process of Communication an Introduction to Theory and Practice,* Holt, Rinehart and Winston.（布留武郎・阿久津喜弘訳『コミュニケーション・プロセス』協同出版，1972年）
(5) Schramm, W (ed), 1949, 前掲訳書，67頁。
(6) Schramm, W., 1964, *Mass Media and National Development,* UNESCO.
(7) Schramm, W (ed), 1949, 前掲訳書，276-282頁。
(8) Lazarsfeld, P. F., & Kendall, P. L., 1948, *Radio Listening in Amelica,* Pentice Hall.
(9) Cartwright, D., 1549, Some Principles of Mass Communication, *Human Relations,* pp. 253-267.
(10) Hovland, C, I., 1954, Effect of The Mass Media of Communication, in Lindzey G (ed), *Handbook of Social Psychology, Mass,* Addison Wesley.
(11) Doob, L, W., 1948, *Public Opinion and Propaganda,* New York.
(12) Hovland, C, I (1954), op.cit. 1062-1103.
(13) Klapper, J T., 1960, *The Effect of Mass Communication,* Glencoe, Free Press.（NHK放送学研究室訳『マス・コミュニケーションの効果』日本放送出版協会，1966年）
(14) 竹内郁郎，1964年，「マス・コミュニケーションの受容過程」『東京大学新聞研究所紀要第12号』東京大学新聞研究所参照

参考文献

W・シュラム編，学習院大学社会学研究室訳，1954年，『新版マス・コミュニケーション——マス・メディアの総合的研究』東京創元社

清水幾太郎編集，1955年，『マス・コミュニケーション講座1——マス・コミュニケーションの原理』河出書房

城戸又一編集代表，1974年，『講座　現代ジャーナリズムI——歴史』時事通信社

吉田民人・加藤秀俊・竹内郁郎編，1967年，『今日の社会心理学4　社会的コミュニケーション』培風館

日高六郎，1967年，『マス・コミュニケーション入門』有斐閣

清水英夫他，1997年，『マス・コミュニケーション概論』学陽書房

竹内郁郎，1964年，「マス・コミュニケーションの受容過程」『東京大学新聞研究所紀要第12号』東京大学新聞研究所

竹内郁郎他編，1987年，『リーディング日本の社会学20——マス・コミュニケーション』東京大学出版会

阿久津喜弘編集・解説，1976年，『現代のエスプリ No.110 コミュニケーション——情報・システム・過程』至文堂
佐藤毅・竹内郁郎・細谷昂・藤竹暁編，1972年，『社会学セミナー4 社会心理，マス・コミュニケーション』有斐閣
内川芳美・新井直之編，1983年，『日本のジャーナリズム——大衆の心をつかんだか』有斐閣
J・ハーバーマス，河上倫逸・M.フーブリヒト・平井俊彦訳，1985年，『コミュニケイション的行為の理論（上）』未来社

第3章
マス・コミュニケーションの流れ

第1節 マス・コミュニケーションの流れ研究

1 ニュースの流れ研究が源流

(1) 情報の流れ

 送り手から発せられた内容が受け手へ伝達される過程を「マス・コミュニケーションの流れ」という。とくに重要なのはコミュニケーションにおける「情報の流れ」(flow of information)である。情報の流れが具体的に指摘されたのは、ニュースの流れ研究においてである。

 一般に受け手が情報を認知するのにあたり、重要な内容は第1次的にはマス・メディアを通じて人びとに伝達される。その結果、情報の流れはその最初の情報認知段階によって知ることになる。たとえば、国際的政治問題の大事件発生が発生した時、多くの人びとは何からその情報を得るだろう。人びとが直接その場に居合わせて、その内容を知ることは不可能である。通常、そうした事件をキャッチするのは、マス・メディアの特派員や、その関係者である。

 情報の多くはマス・メディアがその最初の認知段階になり、それ以外の人びとに情報が伝達されていく。このような情報にある命令や指示、または報告などのように、人間の社会環境において制御される情報の動き（特定された内容の伝達過程）を情報の流れという。一般に、1次情報と呼ばれるものは当人が直接コミュニケーション・キャッチするもので、もっとも信頼性のある情報ということになる。それが間接的に2次、3次情報として流れると、その情報の信頼性は低くなり、その結果が流言やうわさとして社会に拡散していくことになる。

(2) 影響の流れ

　もう一方で社会において人びとの意思決定を左右するコミュニケーションの力（影響力）が浸透していく過程を「影響の流れ」(flow of influence) という。通常，影響の流れは，マス・メディアの発する情報が有力な媒体となっている。

　しかし，社会における影響の流れの多くは，影響を受けた個人が影響を受けていない個人に対し，影響を与えることによってはじまる。そこで影響を与えるような個人を「オピニオン・リーダー」という。

　そして，コミュニケーション内容にオピニオン・リーダーがいかにかかわるかの程度で，その情報の性格や価値まで左右されることになる。単なる情報といえども，オピニオン・リーダーの存在いかんでその重要度も変わってしまう。影響の流れにあるのはオピニオン・リーダーから影響を受けた個々人の意思決定能力である。

2　コミュニケーションの2段階の流れ仮説

(1) 2段階の流れ仮説

　マス・コミュニケーションの流れ研究のなかで，もっとも優れたものとしてマス・コミュニケーション研究史に残るのが，「コミュニケーションの2段階の流れ仮説」(two step flow of communication) である[1]。この仮説は，マス・メディアから発せられた影響力は，最初にオピニオン・リーダーに達し，そのつぎはオピニオン・リーダーが日常生活で影響を与えることができる交際相手に伝わっていくというものである。情報は，マス・メディアよりも身近な存在で影響力のある人物によって受容価値が決定することである。

(2) マスコミ強力効果論に対する限定効果論

　この考えは人間関係におけるコミュニケーション媒体がマス・メディアではなく，特定の個人に影響を与えるオピニオン・リーダーの存在にスポットが当ることから，しばしばマスコミ強力効果論に対する限定効果論と呼ばれている。つまり個人におよぼす情報の影響過程は，マス・メディアの力よりもオピニオン・リーダーの出方によることが大きいということが，いくつかの実証研究に

よって明らかにされたことを受けて登場した考え方である。限定効果論の考え方は日常生活のさまざまな対象からオピニオン・リーダーの存在を検証した研究成果である。

第2節 『ピープルズ・チョイス』と2段階の流れ誕生

1 『ピープルズ・チョイス』の成果

(1) 『ピープルズ・チョイス』

P・F・ラザースフェルド，B・ベレルソン，H・ガウデッドによる，アメリカ大統領選挙をとおした人びとの選択にかかわる研究をまとめたのが『ピープルズ・チョイス』である。1940年，アメリカ大統領選挙（フランクリン・ルーズベルトとウェンデル・L・ウィルキー）における投票行動分析をオハイオ州エリー郡で実施した。本研究は調査対象地から「エリー研究」とも呼ばれている。この研究は，ジャーナリズム研究史上に永遠に残る見事な成果となった。[2]

『ピープルズ・チョイス』の分析過程から得た結果として，マス・メディアから発した影響力は，まずオピニオン・リーダーに流れ，続いて他の交際相手に受け継がれていくことにあった。その結果，交際相手の意思決定はそれにかかわったオピニオン・リーダーによるものであることが判明した。マス・メディアからダイレクトに受け手に達するのではなく，特定の人物が媒介し，受け手に伝達される「コミュニケーションの2段階の流れ仮説」が誕生した瞬間であった。

(2) 3つの要素の発見

ラザースフェルドらによるピープルズ・チョイスの分析結果からあらたに発見されたのは，つぎの3つの要素であった。[3]

1つ目は「個人的影響力のもつ力」の配慮である。ピープルズ・チョイスのなかでも，大統領選挙運動期間中の終了直前に候補者の誰に投票するかをすでに決めた人びと，および選挙期間中に投票する意図を変えた人びととは，いずれも彼らの投票に関する意思決定に際し，投票にかかわる他人からの個人的影響

が強く働いたことを意味している。

2つ目は「個人的影響の流れ」として人びとの相互関係への影響である。オピニオン・リーダーはその時勢のトピックに対し、たえず関心が強いと考えられる。ピープルズ・チョイスではそれが大統領選挙であった。オピニオン・リーダーは、あらゆる階層と職業をとおして各層に分布しており、社会のあらゆるレベルに見出され、それぞれの層で影響を発揮した。

3つ目は「オピニオン・リーダーとマス・メディア」の関係である。オピニオン・リーダーは他の人びとに比較し、テレビ・新聞・雑誌というマス・メディアに多く接触するという。また行動的ともいえる。結果的に他の誰よりもトピックに関する情報量の高いことがあげられた。

2 『ピープルズ・チョイス』の成果と応用社会調査研究

(1) 世論の動向と態度

ピープルズ・チョイスでは、世論調査の信頼性の観点を探ると、世論調査に対して多くの人びとは何らかの疑問を抱いているという指摘がある。疑問というのは世論調査の結果への信頼性であり、調査結果にある数字への誤解である。

もう1つの見方をすれば、人びとは世論調査の結果のみに満足しているともいえる。ピープルズ・チョイスの序文において、ラザースフェルドらが注意を促したのがつぎの点である。世論調査はしばしば誤解されている。一般の人びと、そして社会科学の他の分野の研究者たちでさえ、雑誌や新聞に発表された世論調査の結果をみて、このような調査研究は、人びとがある特定の時点である争点についてどのように感じているかを述べることで満足していると指摘している。[4]つまり、ある対象の主題についての肯定か否定かの判断を、数字の動向に頼りきることで、人びとは自分の関心を充足させているというのだ。

それに対してピープルズ・チョイスの成果は、世論の動向によって人びとの態度がどのように形成されるのかを明確にしようとしている。すなわち世論の形成、変化、および周囲に注意を向けることを理解することが重要なのである。ラザースフェルドたちの検証意図はそこにあった。

第Ⅰ部　コミュニケーション編

(2) 意見の変化の過程

エリー郡調査は，1940年5月から11月にかけて，オハイオ州での大統領選挙キャンペーン中に実施された。調査対象者はこれまで各自がもっていた政治的な意見を，選挙期間中のさまざまなイベントによって，その意見を変えたか変えなかったかという点の検証にあった。

調査結果は，キャンペーンが終わるまで支持政党などの政治的な意見を変えた人，未定の人などの多様なタイプの人間を分析することになった。どのようなキャンペーンに遭遇してもまったく意見を変えない人，確固たる意見をもつ人たちと，多くのマス・メディアに接し，社交的な人間関係をもつ人びととの比較である。その比較の調査領域には，ラジオや新聞への接触と，他者との交際状況などが組み入れられた。ここではそれぞれの意見をまとめるという研究ではなく，各個人の意見がどのように形成されていくのかという過程を分析したのである。

3　マス・メディアとオピニオン・リーダー

(1) 大統領選挙とプロパガンダ

大統領選挙における政治宣伝としてのプロパガンダは大変な時間と量を重ねている。キャンペーン期間中マス・メディアの多く（報道）は政治的なプロパガンダとなり，投票日直前にそれはピークを迎える。

エリー郡の調査では，キャンペーンの終わり12日間をみると，調査回答者の54％が，面接調査直前の数日間に放送された5つの主要な政治演説のうち少なくとも1つは聴いていた。その51％の人びとは，面接調査の前日に愛読する新聞の第1面に掲載されたキャンペーン記事を少なくとも1つは読んでいた。そして26％の回答者は，当時流行りの大衆誌に掲載されたキャンペーン記事を1つは読んでいた。[5]

しかし，逆に言えばキャンペーンピーク時にでも，約50％の人びとは，新聞や雑誌の第1面の記事を無視し，政治演説すら聴くことはなかった。そして約75％の人びとは選挙関係の雑誌メディアにはタッチしなかったのである。こうした数字をみる限り，6割以上の人びとは選挙関係の記事に見向きもしなかっ

たということになった。であればマス・メディアのプロパガンダには影響を受けなかったことになるのであろうか。

(2) マス・メディアとオピニオン・リーダー

ピープルズ・チョイスで重要なことは，6割以上の人びとは選挙報道に関心を示さなかったと受け取れる。しかし重要な点は，個人が接するマス・メディアは異なるということである。ラジオは聴かなくても新聞や雑誌は読むこともあり，新聞や雑誌を読まなくてもラジオを聴いているかもしれない。

ところが結果は，ラジオを聴く人は新聞や雑誌を読み，数多くのマス・メディアにも接していた。1つのメディアによる情報に限らず，複数のメディアによる情報を取り入れ，自らの立場を確認する。このような個人は多くの情報に接している「特殊な個人」である。この特殊な個人こそ，大統領選挙キャンペーンで大量のプロパガンダ攻撃を受けても，大した影響を受けなかった大多数の人びとに，多大な影響を与えた個人である。その個人こそオピニオン・リーダーである。

(3) パーソナルな流れの再確認

ピープルズ・チョイスでは大統領選挙に関心が低い人びとの情報源として，マス・メディアに依存するよりも他の人びと（身近な，あるいは特定の個人）の情報源に頼る場合が多かった。この過程からみえてくるのは，社会においてある情報がマス・メディアよりもパーソナルなネットワークによって各々の人びとに流れていく様子を再確認することでもある。

これは情報が人びとに流れるだけでなく，その情報が受け手である人びととの意思決定を左右させるにいたる時，それは情報（ニュース）のみならず影響（判断材料）も流れていることにほかならない。このパーソナルな情報を左右するコミュニケーションの力が社会に浸透していく過程に，影響の流れそのものをみることができよう。

通常，影響の流れは，マス・メディアの発する情報が有力な媒体になっている。しかし，社会における影響の流れの多くは「影響を受けた個人が影響を受けていない個人に対して影響をおよぼすこと」によってはじまっていく。そこ

で影響を与えるような個人として，オピニオン・リーダーの存在が本研究から浮上してきたのであった。

第3節 『パーソナル・インフルエンス』と2段階の流れ定説

1 『パーソナル・インフルエンス』の意味

(1)『パーソナル・インフルエンス』

『ピープルズ・チョイス』の成果を受けて，1955年にE・カッツとP・F・ラザースフェルドは，2段階の流れ仮説を検証した。その研究成果が『パーソナル・インフルエンス』である。ここでカッツらは調査対象として，「日用品の買い物行動」「流行」「社会的・政治的問題」「映画鑑賞」の4領域を選び，オピニオン・リーダーと人びとの意思決定過程を実証研究からまとめあげた。この研究は，通称「ディケーター研究」とも呼ばれ，ピープルズ・チョイスで発見した2段階の流れ仮説を定説化する研究となった。パーソナル・インフルエンスは，マス・コミュニケーション理論研究史上のなかでもっとも輝かしい研究成果でもある。

(2) オピニオン・リーダーと人びとの意思決定

パーソナル・インフルエンスの意義は，1940年のエリー研究で思いがけなく発見された，2段階の流れ仮説の検証にあった。エリー研究では，思弁的に「マス・メディア」（送り手）「オピニオン・リーダー」（先導者）「フォロワー」（従順者）という流れは推測できたが，メインの「リーダー」と「フォロワー」の関係を実証的に明らかにするだけのデータを得ることはできなかった。ゆえにこれを考慮に入れた上であらたに設計されたのがディケーター研究である。2段階の流れ仮説が投票行動以外の意思決定に関して妥当なものかどうかを検証するために，その対象も日常的で誰もが親しんでいる行動領域を選んで実施した。

第3章　マス・コミュニケーションの流れ

2　ディケーター研究の前提

(1) マス・メディア媒体の接触と人びと

まず日常的な事柄における影響の流れを探るために3つのポイントをあげている。第1にパーソナルな影響が伝達される場合のキーポイントを探り出す。第2に意見形成のリーダーの傾向を探る。第3に日常的な場での影響者を探り出し知見を得る。

この研究でオピニオン・リーダーと呼んでいるのは、「フォーマルな集団であるよりも、むしろインフォーマルな集団のリーダー」である。この種のリーダーは、人びとの行動を直接に指導するよりは、むしろ人びとの意見と変容にあたって「案内役」となる場合が多い。オピニオン・リーダーシップと呼べるにしても、ごく単純なかたちのものである。友人や家族や近隣といった極めて小さな集団である。それゆえにディケーター研究は「日常的な場での影響者」を探り出して、何らかの知見を得る試みとしては最適な方法を選択した。

(2) ディケーター調査

パーソナル・インフルエンスにおける調査対象地のディケーターは、イリノイ州にある。ディケーターはアメリカ中西部の中規模都市の典型とされていた。調査対象の選定にあたっては、8000のサンプルで、20世帯中1世帯以上、人口約6万の都市が必要となった。それに大都市の影響を強く受けている町は除外した。

調査地選定の過程では、最初に中西部の7州（オハイオ，ミシガン，インディアナ，イリノイ，ウィスコンシン，アイオワ，カンサスの各州），人口5万から8万の28都市を選び、大都市の影響のあるのを除いて18都市に絞られ、さらに残り3都市（イリノイ州ディケーター，インディアナ州テル・オール，オハイオ州スプリングフィールド）から最終的にイリノイ州ディケーターを選定した[6]。

調査対象者は、「各層を代表する16歳以上の800人の女性たち」で、面接調査をすることからはじめた。面接のテーマは、「買い物，流行，社会的・政治的問題，映画鑑賞」のそれぞれの行動場面において、個人が影響を与えた人、また影響を与えられた人をたずねることにあった。

3　買い物行動のリーダー

(1) 買い物行動におけるリーダー

　最初に買い物行動におけるリーダーシップについてである。多くの女性たちにとって日用品の買い物はたえず繰り返される日常的慣習である。女性たちは新しい商品やいろいろなブランドの品質，また掘り出し物については，お互いに意見を交換し合う。その場合，どのような条件によってリーダーが生まれるのであろうか。これらの過程について，彼女たちの生活歴・社交性・社会的地位の3要因から検証をおこなった。[7]

(2) 買い物行動と生活歴

　一般に買い物行動に苦労しているのは育ち盛りの子どもたちをたくさんかかえている主婦に特徴的な現象である。それに比べて未婚女性は既婚者よりも家庭の日用品に関心をもつことは少ない。まして年長の婦人が未婚女性に日用品の買い物について相談をもちかけることは少ない。

　結果的に日用品の買い物行動におけるリーダーシップは大世帯主婦という生活歴のタイプである。大世帯の主婦たちは，買い物に大変強い関心をもっているので彼女たち相互のあいだで助言を求め合うことが多い。この生活歴タイプの女性たちのあいだにリーダーが集中している。それは家事処理の重責の結果として生まれてくるものである。大世帯の主婦が買い物行動のリーダーになる可能性は，他の生活歴タイプの婦人たちを平均した場合の約2倍である。

(3) 買い物行動と社交性

　つぎに社交性と買い物行動のリーダーシップをみていく。社交性の高い女性たちは，たくさんの友人をもち，複数の組織にも所属している。社交性の低い女性たちに比べて，彼女たちが買い物行動のリーダーになる可能性は約2.5倍といわれる。つまり社会的接触の程度が大きければ大きいほど，彼女が買い物行動のリーダーになるチャンスも多い。

　社交性は買い物行動の1つの特性でもある。何よりリーダーとして行動するためには，少なくとも潜在的にフォロワーとの接触が必要不可欠になる。そう

した接触が増加するほど，リーダーシップへの機会もそれだけ大きくなる。買い物行動におけるリーダーの社交性の高さはこうした予想を裏づける。

　結果的に，社交性と買い物行動のリーダーシップとの関連性は，生活歴上のいずれのタイプにもみられることになる。未婚女性であろうと年配婦人であろうと，また小世帯の主婦であろうと，大世帯の主婦であろうと，社交性の高い婦人は，同じ生活歴タイプの他の婦人よりもリーダーシップとなるチャンスがつねに多いと考えられる。

　しかしこのことから，社交性だけが買い物行動のリーダーシップに関連をもつと断定できない。買い物行動におけるオピニオン・リーダーシップのもっとも重要な決め手になるのは，何といっても彼女が生活歴の上で，大世帯の主婦という位置を占めているからである。大世帯主婦の場合には，社交性のもっとも低い人たちでさえ，買い物行動のリーダーになり得るチャンスを平均以上はもっている。ただ生活歴上の限界ゆえにそうなるのが難しいこともある。

(4) 買い物行動と社会的地位

　最後に社会的地位と買い物行動のリーダーシップとの関係である。基本的に買い物は，同じ社会的地位の境界内部に限定されていると考える。つまり，買い物の情報交換は同じ地位レベルの人たちによってなされている。商店や商店街に集まるのはだいたい同じ地位レベルの人たちによってなされている。商店や商店街はだいたい特定の地位向きになっている場合が多いため，婦人たちが買い物をしながらよく顔を合わせる相手も，異なった地位の人たちよりは，同程度の地位の人たちだということになりやすい。

　結果的に，買い物行動のリーダーは，どの社会的地位のなかにも同じくらいの割合でいる。それらのリーダーシップに助言を求めるのは，彼女自身と同じ地位の女性である。買い物行動のリーダーは彼女と同じ社会的地位になるといえる。

(5) 日用品の買い物行動における影響の流れ

　買い物行動にみるリーダーシップの問題を総括してみたい。まず，買い物という仕事に対する身の入れ方の強さが婦人をリーダーにしている。大世帯主婦

が買い物行動のリーダーになるもっとも有力な根拠となる。そして婦人の社会的接触の範囲が広いことにもかかわっている。

ただ，社会的地位は買い物行動のリーダーシップの決定要因とはなっていない。むしろ買い物行動のリーダーはどの社会的地位レベルにもみられるということである。

影響の流れという点では，社会的地位が明白な境界線を構成してはいない。助言を受けたものと助言を与えたものとは，同じ社会的地位に属していた。社会的地位に関しては同一地位の人から助言を求めようとする傾向がみられるが，年齢に関しては年長者から若年層へと下降的な影響の流れを伺わせていた。

4　流行のリーダー

(1) 流行に関するリーダー

流行はつねに変化し，その時代の世相や風俗を象徴している。流行に関して誰もが抱く共通の思いは，流行に遅れないことにある。ディケーター研究でも流行に関する対象のほとんどは，衣服や化粧品などの装飾品にかかわることを指していた。ここに流行研究の本質もあるし，長いあいだ流行を論じる場合，ほぼ「流行」イコール「服装」の図式によって述べられてきた。

そんな性質をもつ流行を分析する時にまず考えられることは，誰もが流行に遅れをとりたくない，流行を早くキャッチしたいという受け手の心理状態である。まさに流行に関するリーダーを探ることは，そんな人びとの願望に応えてくれるような人をみつけることである。

カッツたちの意識も流行のリーダーはどこに集中しているのかという観点に注目していた。パーソナル・インフルエンスにおいて，流行に関するリーダーはどんな生活歴のタイプに多いのか。それともリーダーは社会的地位の高い女性なのか，彼女たちは社交的なのだろうか，そんな基本的な要因を探りながら分析は進められていった。

(2) 流行と生活歴

最初に流行のリーダーを生活歴上の位置から探っていった。カッツたちは，

流行のリーダーシップが年配婦人よりも未婚女性において典型的であるという期待をもった。なぜなら若い女性たちは独身であり，その多くはデイトに結婚にと目下売り出し中だからだ。そんな彼女たちにとって，流行に遅れないことが自己顕示の有利な条件となる。たとえ，流行が全女性にとって重大関心事であるとはいっても，子どもをもった母親たちのあいだであるよりも，未婚女性のあいだの方が，ずっとその支配力は強いものと考えられる。それは未婚女性の場合には，時間的，精力的，財政的な面で流行に比較し得るような別の関心が，ほとんどないという見解に立ってのことである。[8]

つまりこの見解では，若い女性たちが流行を選択する目的は結婚というゴールによって一応実現されることになる。そのため流行への関心やリーダーシップは，結婚を境にして減少する。さらに母親になると流行以外に競合する関心や活動が生じて，流行のリーダーになることはますます少なくなる。この結果，流行の圏外に出てしまう年配婦人にいたっては，流行について助言者になる可能性はもっとも少なくなるという。

生活歴上の位置が上になるに従い，リーダーになるものの割合は順次減少している。未婚女性の場合には，10人中5人までが流行のオピニオン・リーダーであるのに対し，年配婦人の場合には10人中1人に過ぎない。流行のリーダーシップと生活歴とのあいだにみられるこの直接的な関係は，女性が流行という舞台でリーダーになるチャンスに対して，年齢，結婚，母親になることといった要因が相乗的な効果をおよぼしていると考えられた。

(3) 流行と社交性

流行のリーダーシップを考える場合にも，買い物行動で明らかになった生活歴と社交性に関する指標が当てはまる。社交性が高いグループにおける流行リーダーの出現率は，社交性の低いグループにおけるそれのほぼ2倍であった。社会的接触の範囲が広い婦人は，人びとに影響を与える機会が大きいということだけでも，流行のリーダーになりやすい。

もう1つの理由は，社交性そのものはその婦人がもっている対人的接触の度合いでもあり関心の性質も示している。高い社交性をもった婦人は，彼女が他人にどのような印象を与えるかということにも敏感であると考えられる。彼女

は多くのグループや個人と良好な関係の維持に気をつかっている。その1つに流行に遅れないことがあげられる。当然，社会的に孤立している人に比べて社交的な婦人たちは，流行に関して助言を求められる機会は多い。しかも助言を望んでいる人たちとの接触機会が多いだけではなく，彼女らが流行のマーケットにおいてつねに心を配り，積極的でなければならない。ある意味，強迫観念的な意識も背景にあろう。この意識は流行理論研究においても取り上げられている。

(4) 流行と社会的地位

ここまでみた限り，流行のリーダーシップを理解するにも生活歴と社交性が大きなポイントになることが明らかになった。それではもう1つの要因である流行と社会的地位との関係を考えてみる。

ここでは一般的な流行のリーダー像が魅惑的な女性であるといったタイプを指して論じるのではないこと。カッツらが関心をもつのはそのような魅惑的なタイプの女性ではなく，人間関係の場における影響者なのである。人間関係の場では，流行のリーダーが必ずしも魅惑的な婦人であるとは限らない。むしろ助言を必要としている女性にとって個人的な知り合いであり，気軽に助言を求めることができるような婦人である可能性の方が強いのである。彼女らは普通の社会圏で生活していることの方が多い。こうした事実は，助言を求める女性が彼女と同じ地位レベルの流行リーダーに依存する可能性を高めている。この見解に従うのであれば，流行のリーダーはどの社会階層のなかにも存在し，階層を超えて影響が流れることは稀である。

(5) 流行に関する影響の流れ

流行に関するリーダーシップも買い物行動の場合と同じように，何よりもまず生活歴のタイプに依存していた。ただ買い物行動の場合には，大世帯の主婦にリーダーシップの集中がみられたのに対し，流行の場合には，未婚女性が主要な影響者になっていた。

買い物行動の場合には，生活歴とならんでオピニオン・リーダーシップを規定する要因は社交性だけであった。また流行では，社会的地位も考慮に入れな

けなければならない要因があったものの，高い社交性と高い社会的地位は，リーダーシップを予想より低下させる方向に働く。この事実は，最上層と中層の地位レベルとでは流行のリーダーの出現率は変わりないことでもある。他方，最下層の地位レベルでは，上層中層に比べてリーダーの出現率は低い。

　最後に流行に関する影響が年齢層を超えて流れる場合には，若い者から年長者へという方向性は証明されなかった。影響が社会的地位の枠を超えて交換される場合には，どこの地位にもまして中層の地位の婦人が影響源になることが多く，社交性のレベルを超えた影響過程においては，高い社交性をもった婦人が影響源になる場合が多いとカッツらはいう。

5　社会的・政治的問題のリーダー

(1) 社会的・政治的問題に関するリーダー

　社会的・政治的問題については，これまで対象とした買い物行動や流行の問題とは明らかに異質のものだ。一般に女性たちは特別この領域に関心をもつ必要はないからである。社会的・政治的問題の対象が女性というだけに関心の認識は低いとされることが多い。ディケーター研究でも男性と比べて女性たちは，社会的・政治的問題に参加していないことや，特定の意見をもたないからと気にはしていない。むしろ自らの関心の低さを認めていた。

　しかしだからといって女性たちにこの領域の関心を皆無とするのではない。このなかから政治的なニュースに関心が高く，その内容もよく知っており，誰からか助言を求められるオピニオン・リーダーを探ることが必要である。カッツたちの努力は，女性の社会的・政治的問題のリーダーというのは，政治的あるいは市民的な直接活動の側面よりは，むしろトピックについての知識や意見の側面からのリーダーを選んでいる。それは最近ニュースになったそれらの問題をめぐって，誰からか助言を求められたことがあると述べた婦人である。アップ・ツー・デイトで，社会的・政治的領域で起こっている事柄をよく知っておりかつ他の婦人たちからそれについての情報や意見の相談を受けることの多い婦人たちを指している。

(2) 社会的・政治的問題と社会的地位

社会的・政治的な問題へ参加する女性たちの環境はどのような社会圏にもっとも多く集まっているかを検証した。そして浮かび上がったのがつぎの3つの要因であった[9]。

第1は教育である。

一般的に学歴の高い人は本や雑誌を多く読んでおり，時事的な問題をあつかったラジオ番組や討論会をよく聴いている。さらに教育によって刺激された関心や洞察力は政治問題への関心を促す要因となっている。カッツらの調査でも，社会的地位の高さにある教育程度は，ここでも生きている。女性の地位が高ければ，社会的・政治問題への関心も高いのであり，それだけオピニオン・リーダーとしての資質になると考えられる。

第2は社会的環境である。

基本的には政治的な思想や知識の面において活動的であるような他の人びととの相互作用がある。政治的な問題への関心が高いということはその女性の周囲には政治的に活動する人びと，政治家，弁護士，教師などと接触することが容易な社会的地位に立っている女性である。彼女たちはまた，社会的・政治的問題にかかわる争点や事件，人物などの知識も豊富である。高い地位にいることは，それだけ情報や意見に対して最低限の接触を維持している。

第3は余暇時間の割合である。

女性の家庭での家事に費やす時間と自己の事由を処理する時間的余裕である。一般的に地位の高い人はこの点でも恵まれている。それに地位の低い人たちよりもずっと社交的であるということもあげられる。これらの社会的接触が彼女をその地域における知的な風潮のなかにさらす程度に応じて，地位の高い婦人は社会的・政治的問題についての考えや意見交換の場に参加するように刺激を受ける機会が多いという。

以上から予想されるのは，社会的・政治的要因を重ね合わせると，社会的・政治的問題におけるリーダーは社会的地位の高い婦人たちのあいだに多いということである。

第3章 マス・コミュニケーションの流れ

(3) 社会的・政治的問題と社交性

社会的地位の高さと社会的・政治的問題のリーダーシップの比率を相関する大きな理由は，地位が上がるにつれて社交に費やすことのできる余暇時間の量が増えていくことと関係がある。とすれば社交性の高い婦人は低い婦人に比べて，社会的・政治的な問題のリーダーになる機会は5倍もあるとカッツらは指摘する。社交性がこれほどの相関をもつのはこの領域以外にない。したがって，社交性の低い婦人が社会的・政治的問題に関してオピニオン・リーダーになる可能性は極めて低い。

結果的に，社交性の高い婦人である。社交性の高い婦人たちは低い婦人たちに比べて，社会的・政治的な問題について知識度という点では等しい水準にあっても，あるいは知識度が低い場合さえも，リーダーになる確率は高い。逆に社会的地位が低くても，高い社交性をもつならば，彼女はリーダーになり得る。逆に社交性の低い婦人の場合，社会的地位のレベルは何ら関係をもたない。彼女の地位が上であろうと，下であろうと，彼女がリーダーになる機会は極めて少ない。社交性とオピニオン・リーダーとの関係は，地位が上になるほどリーダーシップも増えてくる。地位が上になるほど社交の機会が大きくなることの反映でもある。

(4) 社会的・政治的問題と生活歴

最初に結論を述べると，社会的・政治的問題のリーダーシップは生活歴との関係がもっとも希薄である。これは家庭において，女性が負っている仕事の優先順位とのかかわりが浮上する。つまり身近なことがまず優先され，社会的・政治的な問題に参加しようとする動機づけは少ないであろうと考えられる。家庭内と関係が深いものであっても，家庭内の責任ゆえ彼女の参加は強く制限されることになる。

もう1つの見方では，急速に変化しつつある女性の役割のなかから若い女性たちに注目する。男女共学制度で等しく平等な社会的責任能力の教育を受けた若い女性たちは，社会的・政治的な問題について，関心が高く積極的であるという期待をもつ。しかし，若い人びとは男女を問わず年長者に比べ，政治に対する関心が低く，知識も少なく，また活動への参加も乏しいと指摘されている。

ここで生活歴と社会的地位に関連したことをあげておきたい。家庭での責任については何といっても社会的地位が高い婦人よりも低い婦人の方が大きな行動制限を受けていることである。地位の高い婦人は便利な道具も揃っており，お手伝いさんなどを雇うことができる。さらに地位の高い婦人たちはその生活歴を通じて，社会的・政治的問題に惹きつけるような多くの刺激が，周囲の人びとの活動によって得ている。

　それに対して地位の低い婦人たちの場合には，社会的・政治的な問題に彼女らを参加させるようなこうした補助的な刺激が欠けている。彼女たちにとって社会的あるいは政治的な参加は，自分たちの日常生活のごく周辺的な部分を占めているに過ぎない。彼女らはかつて情報とか意見とかいった領域をもっていても，そうした関心をなくしてしまった。もし，社会的・政治的な問題に関して女性がリーダーシップを握る上で，補助的な刺激というものが重要であるとするならば，社会的地位の低い婦人たちの場合には，生活歴を経るとともに，この領域でリーダーになる可能性は少なくなってしまった。

　これに対して地位の高い婦人の場合，この落差はそれほど大きくはない。年齢の上昇，それにともなう家庭上の責任の増加という事態が，社会的・政治的問題についての女性のリーダーシップを減少させていくとしたら，その影響は社会的地位の高い女性よりも低い女性の方にあらわれるからである。

(5) 社会的・政治的問題に関する影響の流れ

　社会的・政治的な問題に関してのリーダーは，買い物や流行のリーダーとは明らかに異なっている。何より違っているのは生活歴上のタイプである。社会的・政治的問題では，社会的地位の低いものの場合を除いて，オピニオン・リーダーの出現率には生活歴はほとんど関係をみなかった。これが買い物行動や流行では生活歴との関係が重要だったことに比較すると明確である。

　社会的地位は買い物行動や流行では，あまり強い結びつきはなかった。しかし，社会的・政治的問題のリーダーシップでは重要な位置にあった。ここでいう地位とは学歴が高く，経済的にも豊かな婦人たちを指している。彼女たちは生活歴上の位置の多少にかかわらず，社会的・政治的な問題に積極的に参加する環境に住んでいる。影響の流れをみても，地位の高い人びとから低い人びと

へというのがほとんどである。社会的地位の高い婦人たちのあいだに社会的・政治的問題のリーダーが多く出現する理由としては，彼女たちが家庭内の責任に負われることの少なさを意味している。社会的・政治的リーダーシップには社交性がもっとも重要な要因になっているといえよう。

6 映画鑑賞のリーダー

(1) 映画鑑賞に関するリーダー

パーソナル・インフルエンスの領域に限らず，これまでおこなわれてきた映画に関する数多くの調査では，映画鑑賞と年齢のあいだには強い相関のあることが判明している。すなわち映画を観にいくのは若い人びとである。そして映画は当時の重要な若者文化の1つでもあるからだ。[10]

映画を観る行為については，目的も絡み，映画を単独で楽しむ場合と，デイトや友人とのお出かけのための1つなのかによってもとらえ方は異なる。パーソナル・インフルエンスにおける調査は，映画を娯楽の中心におかれた時代背景を考慮した結果であることに留意すべきである。

(2) 映画鑑賞と生活歴

ディケーター研究でも映画鑑賞のリーダーは圧倒的に未婚女性である。家庭的な責任のもっとも少ない若い独身女性である。未婚女性は小世帯や大世帯の主婦よりも年齢が若いというだけではなく，彼女たちはより自由である。未婚女性と主婦とのあいだの差は，家庭的な責任が比較的軽い婦人と，家庭の責任を一身に負った母親との差である。映画鑑賞においても，映画を観にいくことがその社会生活のなかでかなりの役割を占めている女性と，すでに家庭に入り落ち着いてしまった婦人との差でもある。

結果的に映画鑑賞と生活歴との関係は，年齢が若いこと，および未婚であることが映画館に出かけ，映画のリーダーになる機会と結びついている。一方，それぞれの年齢層グループ内部においてしばしば映画を観にいく人は，あまり観にいかない人に比べてリーダーになりやすい。

(3) 映画鑑賞と社交性

つぎの映画鑑賞のリーダーシップと社交性をみると，社交性と映画のリーダーシップには関係がなかった。ディケーター研究で取り上げてきたこれまでの領域において，社交性の高さはオピニオン・リーダーの属性に入るほど，大きなかかわりをもっていた。しかし，映画のリーダーシップの場合には，リーダーの出現率と社交性のあいだには事実上何ら関係がなかった。映画鑑賞のリーダーシップと社交性は，むしろ1つの特殊ケースとして考えて見る必要がある。それではどうして買い物行動や流行，社会的・政治的問題という領域でのリーダーシップが，社交性との相関関係をもったのにここではなかったのか。カッツらはその理由としてつぎの3つの回答をあげた。[11]

第1番目に未婚女性にみる彼女らの組織加入の少なさと，友人の多さという点で，中位の社交性になる傾向からである。映画のリーダーシップにおいては未婚の女性が圧倒的なリードを示す事実から，映画のリーダーが社交性の高い婦人や低い婦人よりも，中位の社交性をもった婦人のところへ集中することになった。

第2番目に高い社交性をもった婦人，すなわち多くの組織に加入し，しかもたくさんの個人的な友人をもっている婦人たちは，社会生活がそれほど満たされていない婦人たちに比べて，映画に対する関心がそれほど高くはなかった。

第3番目に映画鑑賞におけるリーダーシップを考えるには，社交性の高い婦人も未婚女性も，社交性の低い婦人も，実際には，同程度にリーダーが存在していることを説明しなくてはならない。

その説明は，映画鑑賞における意思決定を考えるとわかる。映画鑑賞はほとんどの人びとが必ず誰かと一緒にいっている。つまり映画鑑賞というのは他の人びとと直接に共有する活動なのである。誰かと一緒に映画を観にいくというのは，若い婦人でも年長の婦人でもほとんど同じである。誰かと一緒に映画を観にいくという点に関しては，未婚者と既婚者とのあいだに有意な差はまったくみられなかった。映画に関するオピニオン・リーダーと非リーダーとのあいだにも何ら差はみられなかった。

つまりここで考えられるのは，映画を観にいくという行動が，集団的な性質をもったものであること。映画の内容や映画界の出来事に関する情報の交換が，

第3章 マス・コミュニケーションの流れ

一緒に映画を観にいったものどうしのあいだでおこなわれることは十分に考えられる。リーダーシップを行使するに際して，他の行動領域では必要であったかもしれない友人の数だとか組織加入だとかといった事柄は，映画鑑賞の場合には何1つ必要としないのである。したがって，映画を観にいくという行為は，個人的意思決定の産物としての研究対象とした方がより適切である。ここでのポイントは，映画鑑賞それ自体が社交的な行為であるという，極めて特殊な意味において，映画のリーダーは社交的だということである。(12)

(4) 映画鑑賞と社会的地位

映画に関するリーダーシップは，社会的地位との関連性がもっとも希薄な領域だった。ディケーター研究でもこれは予想された展開であった。それはある社会的地位の未婚女性が他の地位の未婚女性よりも映画のリーダーになりやすいとは考えにくい。

同じことは，未婚女性ばかりでなく，主婦や年配婦人の場合にもいえる。いずれの社会的地位のなかにも，ほぼ4人に1人の割合で映画のリーダーが見出され，研究対象の4領域でも映画に関するリーダーシップは社会的地位との関連性がもっとも少ない領域といえよう。

(5) 映画鑑賞に関する影響の流れ

映画は若者文化のシンボルであったアメリカ社会での研究が色濃くあらわれた領域であった。1930年代から娯楽の王様は映画であった。映画は余暇の中心に位置していた。ゆえに映画鑑賞のリーダーを探るにはいずれの生活歴のタイプであっても，映画をよく観にいく人たちであることに変わりはない。その人びとはあらかじめ観る映画を決めて映画館に出かけている。映画を観にいく相手も家族以外であることが多い。映画鑑賞は決して単独行動ではないことも見逃せない。多くの人は誰かと一緒に映画を観にいっている。

つまり映画鑑賞における影響の流れは，一緒に映画を観にいく同年代の仲間たちのあいだで生じていると考えられる。しかし，事前に映画に関するエキスパートに相談をもちかけるとすれば，人びとの多くは若い未婚の女性に集まるという。上映されている映画情報そのものに注意を向けている日常が若い女性

には多いという結果でもある。

　マス・コミュニケーションにおける情報の流れ，影響の流れにあるのがマス・メディアそのものに限定しないこと。マス・メディアからの情報よりも，第1次的な集団に所属し，そのテーマに応じて何らかのアドバイスをしたり受けたりする関係にある特定の個人の存在に注目することであった。

　それが強力効果論に対抗すべく限定効果論としての「マス・コミュニケーションの流れ」研究の成果を示した，『ピープルズ・チョイス』と『パーソナル・インフルエンス』をマス・コミュニケーション研究史上輝かしい金字塔に位置づけるものとなった。

第4節　マス・コミュニケーションの流れ研究の発展

1　2段階の流れ仮説の発展段階

(1) 第1段階「コミュニケーションの2段階の流れ仮説」の発見

　マス・コミュニケーション研究における流れ研究を総括したい。この研究は，1940年，オハイオ州エリー郡で実施されたアメリカ大統領選挙の投票行動分析によって発見された。その成果はラザースフェルドらによる『ピープルズ・チョイス』によって明らかにされている。分析結果は，以下のようになった。

① マス・メディアによく接する人びとは政治的関心も高い。すでに投票意図を決めている人びとでもある。それに対して，政治的関心が低く，投票意図を決めていない人びとはマス・メディアにもあまり接触しない。
② マス・メディアの影響力は，以前から抱いていた投票意図を補強する方向に動くものであった。
③ 投票意図を変えさせるような力は，マス・メディアよりもむしろ他の人びととの接触によってもたらされた。

(2) 第2段階「コミュニケーションの2段階の流れ仮説」の定式化

　コミュニケーションの2段階の流れ仮説は，投票行動調査の中で発見された。カッツとラザースフェルドらは，1945年，イリノイ州ディケーターにて，コ

ミュニケーションの2段階の流れ仮説が投票行動以外で適応可能かについて調査を実施。この調査は，日用品の購入，流行，社会的・政治的問題，映画鑑賞という日常生活の領域を対象に，日常的な消費行動の次元で定式化を試みた。その成果は，『パーソナル・インフルエンス』によって明らかにされている。

　分析結果は，①マス・メディアの受け手を包み込んでいる第1次的集団が，情報の流れていく通路としてはたらくばかりでなく，個人の意思決定に対する社会的圧力と同時に社会的支持の源泉として作用する。②第1次集団内のなかにおいて，マス・コミュニケーションの流れを促進したり阻止したりする機能を果たしている。

2　マス・コミュニケーションの流れに関する研究

(1) ピープルズ・チョイスに続く研究の設定

　「ピープルズ・チョイス」（投票行動研究）が開始されてから，そのあいだ，コロンビア大学応用社会調査研究所では，「2段階の流れ仮説」を検証し，さらにその仮説を練り上げていく試みとして，複数の研究を実施した。ピープルズ・チョイスのあとに続く研究の設定は，2段階の流れ仮説について最初の提言にあった2つの側面である。[13]

　第1の側面はこの仮説が3つの異なった構成要素をもっていること。それは，個人的影響のもつ力，個人的影響の流れ方，オピニオン・リーダーとマス・メディアとの関係である。

　第2の側面は研究の設計に関するものである。これは影響の伝達に関与する両方の当事者を横断面的な研究のなかに取り入れる。つまり根本的に新しい問題に取り組んでいく試みから生じてくる困難を指摘することである。これらの叙述は，ピープルズ・チョイスに続いて行われた研究に向けられた。人間相互間の影響についての調査を設計するという問題にそれぞれ異なったアプローチをとった。

　エリー研究の後には，ディケーター研究，そして1948年，ニューヨーク州エルミラ（エルマイラ）において実施した大統領選挙のパネル調査として，ベレルソンらの『投票行動』（*Voting: A Study of Opinion Formation in a Presidential*

Campaign）（1954年）研究などがある。[14]

(2) ローヴィア研究

「ピープルズ・チョイス」，「パーソナル・インフルエンス」に続いて行われた研究として，マートンらによる1949年の『影響のパターン——ローカル・コミュニケーションにおける個人間の影響と伝達行動』（Patterns of Influence : A Study of Interpersonal Influence and Communications Behavior in a Local Community）がある。[15]

「ローヴィア研究」とも呼ばれるこの研究は，対人間の影響とコミュニケーション行動の分析である。調査地は，ニュージャージー州の小さな町であり，回答者は86人のサンプルによっている。調査内容は，「いろいろな問題に関して誰に情報や助言を求めるか」，「あなたに影響を与えるのは誰ですか」である。

調査の方法は，ピープルズ・チョイスが提起した調査設計の問題を解決する最初の試みが予備調査の規模で行われた。この研究では影響を与える側の人びとを見つけ出す方法として，はじめに「あなたに影響を与える人は誰ですか」とたずね，影響を受ける人びとの側から，影響を与える人びとの方向に向かって進んでいく方法である。そして導き出すのは，ここで「4回以上指名された人間がオピニオン・リーダー」である。そして，これらの影響を与える側の人びとを探し出して面接が行われた。

分析結果として，まず第1にあげられたのは1940年エリー研究（投票行動研究）との相違である。エリー研究では，たとえば妻に対して誰に投票したらよいのかを告げる夫のように，たとえ相手がただ1人であっても，他人に影響を与える助言者はみなオピニオン・リーダーと考えていた。しかし，ローヴィア研究で採用された基準によって選び出されたリーダーは，もっと広い影響力をもっていると考えられる。

第2に投票行動研究では，行動決定において人間相互間の影響の役割がどの程度のものであり，それがマス・メディアと比較して，どの程度の有効性をもっているかというような問題に関心があった。しかしローヴィア研究では，この種の影響力の重要さはすでに前提にあるものとして受け取り，さらに進んで影響の伝達に主要な役割を果たしている人びとを発見しようということに専

72

念した。

　ローヴィア研究から浮上した課題もある。この研究の設計に関連して，最初のインタビューはオピニオン・リーダーを選び出すことだけに利用されている。したがって，リーダーとフォロワーの関係を探り出すためには，ほとんど利用されていない。

　ひとたびリーダーが選び出されると，つぎにはそのリーダーたちをいろいろなタイプに分類してしまう。そのためそれぞれ異なったタイプのコミュニケーション行動や，リーダーたち自身の相互交渉を研究することに注意が集中される。リーダーとリーダーを指名した最初の回答者との相互行為に対しては，ほとんど関心が払われることはなかった。リーダーとフォロワーの分析はほとんど明らかにされなかった。

(3) 新薬普及の研究

　もう1つのコミュニケーションの流れ研究として，H・メンツェルとカッツらの「新薬普及研究」がある。この研究は，1955年に「医師仲間における社会関係と革新」(Social Relations and Innovation in the Medical Professions) について調査が実施された。

　調査地は中西部の4都市で，薬物処理を行う医師を対象とした面接調査を試みた。新薬普及研究のテーマは，第1に医師が新薬の採用をどのようにして決定するか，第2に医師仲間での対人的影響の役割と思われるものを説明する研究設定である。

　テーマにかかわる質問内容は，「経歴，態度，薬物使用，さまざまな情報源や影響源への接触などに関して」である。

① もっとも頻繁に社交的な接触をする医師仲間を3人あげる。
② 症例に関してもっとも頻繁に話し合う仲間を3人あげる。
③ 情報や助言をもっとも頻繁に求める仲間を3人あげる。

　この新薬普及にかかわる研究は，医師の行動決定には心理学的・社会学的枠組みからの提示による分析結果を明らかにした。

　第1点は行動決定者本人だけがその決定に関するただ1人の情報源ではない。処方箋の記録からの客観的資料も同様に利用されている。

第Ⅰ部　コミュニケーション編

　第2点はいろいろ異なった影響力の役割についても，行動決定者自身があとになって，整理した内容の事柄を基礎にするだけではなく，影響力の流れにかかわる推論を引き出し得る客観的な相関資料をもとに判断を下している。
　以上の2点から新薬をいち早く採用した医師たちは，後日それを採用した医師たちよりも頻繁に自分の住んでいる町以外の場所で開かれる医師会の会合に出席している傾向がみられた。さらに医師の行動決定にあたって社会関係が果たしている役割も，医師自身が行った社会的影響の役割についての証言ばかりではなく，ソシオメトリー的質問によって作図された対人関係のネットワークにおいて，医師がどの「位置」を占めているかをみることから推論することが可能となる内容であった。
　分析結果としては，まず，医師を医師会への融合度や友人，議論相手として仲間から指名される回数によって測られる彼の影響力の程度に応じて分類することができる。ここでは強い影響力をもつ医師がそうでない医師よりも「早くある新薬を試用する」といえるかどうかを調べることが可能になる。つぎに，彼らを指名するのは誰であるかというように相手を手がかりにすれば，ネットワークや派閥における彼らの成員関係に応じた分類も可能である。これは同じ下位集団に属している医師には，同じような薬物使用の型があるかどうかを知ることができる。
　この研究に比べディケーター研究では，ある特定の行動決定に影響力をおよぼし対面的人間関係を検討することだけであった。しかし新薬普及の研究では，こうした人間関係から医師自身のその関係上に内在するさまざまな条件が連関する背景をみることを可能にしたといえる。

第5節　マス・コミュニケーションの流れ研究再考

1　マス・コミュニケーション受容過程研究の記念碑

(1) 「2段階の流れ仮説」輝かしい記念碑的根拠
　2段階の流れ仮説の発見は，マス・コミュニケーション理論研究史上輝かしい記念碑的なものとなった。とくに受容過程研究における位置は，その後のマ

ス・コミュニケーション理論研究に多大な影響を与えることになった。
　その第1の根拠は，エリー研究での予期しなかったコミュニケーションの2段階の流れ発見である。2段階の流れを予測できる仮説を提示し，これまでマス・メディアがダイレクトに受け手である個々人に情報を一方向的に流す強力効果論に対抗する1つの理論として，調査によってそれを実証した成果はあまりに大きい。
　第2の根拠は，新しい理論を創始し，既存の理論を修正し，理論的関心に新しい視点を与えるという機能の実例として結実したことにある。[17]

(2) マス・メディア限定効果論の有効性の是非

　マス・メディア限定効果論は，コミュニケーションの2段階の流れ仮説を理論的支柱にしているため，この有効性は今後どのようにその是非が問われていくのかという問題も存在している。つまりパーソナル・インフルエンスのもつ意義を，1960年代にマスコミ研究のパラダイム転換をもたらすのに大きく貢献したという実績だけにとどまるのか，それとも今後に継続させる何らかの問題を見出せるのかという課題は続いている。マス・コミュニケーション理論研究の記念碑的位置にある本研究は，その意義と再考がいまなお求められている。それゆえに限定効果論としての問題点や課題の指摘も多い。

2　2段階の流れ仮説の理論と結果

(1) 水平方向と垂直方向

　コミュニケーションの2段階の流れ仮説の基本的なスタイルは，垂直的なコミュニケーションの流れと，オピニオン・リーダーからフォロワーへという水平的でパーソナルな影響の流れの組み合わせである。それをパーソナル・インフルエンスの4領域では，一般的な考えとして，影響の流れというものを，もっぱら上位あるいは威信の高いものから低いものへと下降的に流れる，垂直的な過程であると仮定している。
　しかし影響の流れについてのこうした考え方を否定する以下のような指摘がある。リーダーシップというものは，コミュニティの全域にわたって，社会経

済的な初歩段階のそれぞれのレベルに普遍的に存在している。他方，社会的・政治的問題では，より高い地位の人びとに向かって助言を求めるように結論づけられていた。[18]

(2) 限定効果論の限界的部分

パーソナル・インフルエンスにおける社会的・政治的問題をめぐる行動領域を除けば，社会的地位とオピニオン・リーダーの関係は弱いと説明されている。このように社会的・政治的問題の結果が他の領域の結果と整合しない時には，4領域の1つでもあるにもかかわらず例外的なものとして除外された。2段階の流れ仮設理論において例外的なものは限定効果論の整合性から外れることになり，限定的部分として浮かび上がることになった。

(3) 水平方向的コミュニケーションの優位性

さらに指摘を続けると，社会的・政治的領域や，その他の領域で下の階層にみられる垂直な影響の流れの結果は，コミュニケーションの2段階の流れ仮説に整合されることがなかった。むしろ2段階の流れ仮説における水平方向のコミュニケーションの垂直方向に対する優位性は，「例外」処理を前提として成立するものであり，パーソナル・インフルエンスの理論と調査結果の乖離から逃れていないことになる。[19]

3 マス・メディアの影響力

(1) インパクト分析

影響を与えるのはマス・メディアなのか，それとも特定の個人なのかというインパクト分析について，第1に社会的・政治的問題領域ではパーソナルな接触に起因するものではなかった。多くの場合はマス・メディアによる影響が大きかった。社会的・政治的問題領域の依存度は，オピニオン・リーダーの方が非リーダーよりも低い。第2に買い物行動と映画鑑賞では，オピニオン・リーダーに対してはたらいた影響の媒体と，非リーダーに対してはたらいた影響の媒体とで，ほとんど同じ傾向を示した。第3に流行のリーダーは，非リーダー

第3章 マス・コミュニケーションの流れ

に比べてマス・メディアから影響を受けたものが多く，他の人びとから受けたものが少ない。

(2) パーソナルな影響とマス・メディアの影響の相対性

パーソナル・インフルエンスの結論からは，他人からの影響とマス・メディアからの影響のどちらが大きいかという問題の回答は出されていなかった。

コミュニケーションの2段階の流れ仮説が，フォロワーの意思決定ではマス・メディアよりパーソナルな影響の方が大きいと仮定していたとすれば，ディケーター研究の少なくとも社会的・政治的問題では支持されていなかった。それに他の行動領域でも確かな整合性は得ていない。

パーソナルな影響力と比べて，マス・メディアの影響力が相対的に弱いという仮説は，パーソナル・インフルエンスにおいても明確に立証されるどころか，社会的・政治的問題領域を中心に到底一般化できないものであった。

これではパーソナルな影響に対するマス・メディアの影響力の相対的弱さが社会的・政治的領域そのものにおいて明確にされていない。マス・メディアの影響力に対するパーソナルな影響も曖昧なままでは，ラザースフェルドらの楽観的判断はその成立根拠を失ってしまう。

『パーソナル・インフルエンス』は，カッツらの政治的価値観と分析結果に大きな乖離を残したことになる[20]。

4 『パーソナル・インフルエンス』再考

(1) 理論的限界と理論的継承

児島和人の指摘する確信的な問題は，ディケーター研究の4行動領域のうち，1つでも検証されなかった意味である。4領域の1領域という問題ではない。つまり，1つの領域でもコミュニケーション過程を考えるあらたな理論構築と，2段階の流れ仮説との整合性が科学的に要求されることになる。

社会的・政治的問題のみで明らかにディケーター研究の知見が，必ずしも水平方向的パーソナルな影響の垂直的方向に対する優位を立証していなかったことである。それに買い物や流行，映画鑑賞における同列の仲間たちとの関係に

ある，マス・メディアの影響力に対するパーソナルな影響の役割も明確化していなかった。さらに社会的・政治的問題ではマス・メディアの影響力の相対的弱さも示すことはできなかった。

こうした結果が，コミュニケーションの2段階の流れ仮説そのものの発端となった日常生活の次元で曖昧性を生じさせた内容では，ディケーター研究がコミュニケーションの2段階の流れ仮説を正確に検証したとはいえなかったことになる。

(2) マス・メディア強力効果論

これではマスコミ強力効果論の仮説を否定することはできない。マス・メディアの影響力をパーソナルな影響が相殺することを必ずしも保証するものではなくなった。マス・メディアの影響力の相対的弱さと，パーソナルな影響の優位を立証したものでもない。大衆社会状況におけるマスコミ強力効果論の仮定も否定しきれない。

結局，コミュニケーションの2段階の流れ仮説は，マス・メディアからオピニオン・リーダーへ，さらにフォロワーから一方向的に流れることだけに注目させただけである。フォロワーからの上向的コミュニケーションの視点を欠くものとなってしまった。

(3) 『パーソナル・インフルエンス』のもつ意味

とはいえ，何より今日は，ディケーター研究が行われた1945年当時とは社会システムが異なる。テレビの普及にデジタル化をともなう新しいメディアの登場が存在する。『パーソナル・インフルエンス』そのものの批判云々よりも，そこからあらたに継承すべき理論的意味，それに理論と結果の乖離からもたらされたコミュニケーション形態の問題意識など課題は多い。そして，マス・メディアからの影響力は果たして強力なのか，それともやはり限定的なのか，パーソナル・インフルエンスの成果と，批判からよみとることが必要という指摘も無視できない。[21]

ただ，カッツらのいう例外的という意味を，整合性を無視した見解として受けとめるのが正しいとはいえない。4領域の1つでも一致しないという指摘も

第3章 マス・コミュニケーションの流れ

あるものの,コミュニケーションの流れと影響の全体から見た場合,それが整合性から外れるといった見方が妥当かは疑問である。

むしろパーソナル・インフルエンス全体を把握しながら,コミュニケーションとオピニオン・リーダーの関係をよみとることで,この問題をクリアする方法論の確立を急ぐことも,コミュニケーションの2段階の流れ研究の,今日的課題でもある。

注

(1) Katz, K and Lazarsfeld, P. F., 1955, *Personal Influence : The Part Played by People in the Flow of Communications*, The Free Press.(竹内郁郎訳『パーソナル・インフルエンス──オピニオン・リーダーと人びとの意思決定』培風館,1965年)
(2) Lazarsfeld, P. F and Berelson, B and Gaudet, H., 1944, *The People's Choice : How the voter makes up his mind in presidential campaign*, Columbia University Press.(有吉広介監訳『ピープルズ・チョイス──アメリカ人と大統領選挙』芦書房,1987年)
(3) Schramm, W (ed) 1949, *Mass Communications*, A Book of Readings selected, University Illinois Press.(学習院大学社会学研究室訳『新版マス・コミュニケーション──マス・メディアの総合的研究』東京創元社,1954年,205頁)。
(4) P・F・ラザースフェルド(1987),前掲訳書,20頁。
(5) 同上訳書,188頁。
(6) Katz, E (1955),前掲訳書,342-345頁。
(7) 同上訳書,237頁。
(8) 同上訳書,251-252頁。
(9) 同上訳書,277頁。
(10) 同上訳書,312頁。
(11) 同上訳書,304-306頁。
(12) 同上訳書,306頁。
(13) Schramm, W (1954),前掲訳書,195-196頁。
(14) Bernard R. Berelson, Lazarsfeld, P. F., and William N McPhee, 1954, *Voting : A Study of Opinion Formation in a Presidential Campaign*. University of Chicago Press.
(15) Lazarsfeld, P. F., and Stanton. F N (eds), 1949, Merton, R K, Patterns of Influence : A Study of Interpersonal Influence and Communications Behavior in a Local Community. *Communications, Reserch*, 1948-1949, pp. 180-219. Harper and

第Ⅰ部　コミュニケーション編

　　　Brothers.
⒃　同上訳書，203-205頁。
⒄　児島和人，1984年，「パーソナル・インフルエンス再考」水原泰介・辻村明編
　　『コミュニケーションの社会心理学』東京大学出版会，97頁。
⒅　同上書，98頁。
⒆　同上書，100頁。
⒇　同上書，106頁。
㉑　同上書，110頁。

参考文献

E・カッツ，P・F・ラザースフェルド，竹内郁郎訳，1965年，『パーソナル・インフ
　　ルエンス──オピニオン・リーダーと人びとの意思決定』培風館
P・F・ラザースフェルド，B・ベレルソン，H・ゴーデッド，有吉広介監訳，1987年，
　　『ピープルズ・チョイス──アメリカ人と大統領選挙』芦書房
水原泰介・辻村明編，1984年，『コミュニケーションの社会心理学』東京大学出版会
佐藤毅・竹内郁郎・細谷昂・藤竹暁編，1972年，『社会学セミナー4　社会心理学，
　　マス・コミュニケーション』有斐閣
千葉雄次郎編，1968年，『マス・コミュニケーション要論』有斐閣
日高六郎編集，1955年，『マス・コミュニケーション講座5──現代社会とマス・コ
　　ミュニケーション』河出書房

第Ⅱ部

ジャーナリズム編

第4章
ジャーナリズムと世論

第1節　強力効果論と「世論」

1　ジャーナリズムの意味

(1) ジャーナリズム

　マスコミ世界とは，新聞やテレビなど既存のマスコミ4媒体を対象に語られてきた。より専門的にみればこの4媒体は，大衆における媒体としてマス・メディアで括られる。メディア史的にみれば新聞や雑誌などの活字媒体は主に出版を意味することからプレスとしてあつかわれてきた。そしてマス・メディアの中心に位置していた新聞はニュースペーパーというよりジャーナリズムの意味がふさわしい。新聞イコールジャーナリズムが原点である。

　しかし今日，マスコミとマス・メディアを含んだその世界をジャーナリズムと表現する方が一般的である。ただ，マスコミ，マス・メディア，メディア，ジャーナリズムなどと，それぞれ混在した表記で通用している。厳密には各自の概念規定が存在することを念頭に置いて，ここではマスコミ4媒体プラス広告と映画にかかわる媒体の実践的な部分の体系をジャーナリズムとして規定したい。より分化した言い方をすれば新聞ジャーナリズム，放送ジャーナリズムというようにジャンルを明確にすることで混乱も避けられよう。

(2) ジャーナリズムの現実

　現実的には，マスコミ古典研究であつかわれてきた活字や電波メディアとしてジャーナリズムのみを語ることはもはや不可能となった。ジャーナリズムの

現実は，パーソナル・メディアによるパーソナル・コミュニケーション環境の進化によって，既存のメディアからインターネット上のメディア主流の状況を生み出した。マス・メディア中心に語られてきたメディア環境に変化の波が押し寄せた。ジャーナリズムの現実も時代に適した取り上げ方にシフトしなければならないのか。しかし正確には，メディア環境が既存のメディアをパーソナル・メディアとしてのインターネットを通じて，情報をキャッチする受信形態，移動しながらの映像の視聴形態など，受け手側のスタイルが変わったのである。送り手・受け手の図式は既存のコミュニケーション形式そのものである。一方向的か双方向的かというコミュニケーション形態の分類によって整理することで混乱は避けられる。しかし，ジャーナリズムそのものがネット社会を含んだ広義にわたるような環境になり，古典的形態のみを追うことだけで，今日のジャーナリズム世界をカバーすることは不可能になった。

2 ジャーナリストの登場

(1) ジャーナリスト

　ジャーナリズムの世界でその役割に従事している人たちを通称ジャーナリストと呼んでいる。ジャーナリズムの意味から考えれば，新聞記者やデスク，ニュース記者，編集記者，カメラマンなど報道に携わる現場の人びと。電波メディアでも同様に，実践的な取材クルーからスタジオでの番組構成・編集スタッフまで含まれる。しかし，イメージ的には記者やキャスターといったニュース報道にかかわり，オーディエンスと向かい合う認知度の高い職種の関係者が注目されがちである。

　ジャーナリストは，つねに，ニュースや情報の送り手サイドにいる。あつかう報道内容は，原風景を直接的つまり現実のまま受信する立場にある。とはいえ，それをすべて原風景のまま発信することにはならない。編成され脚色され，報道として適しているのか，ある一定の校閲機能がはたらいている。その結果，原風景としての原事実がどの程度報道されるのか，ここにジャーナリストの真価が問われることになる。いわゆる真実と呼ばれる報道（客観報道）である。すべての報道内容は，最初に真実を正確に報道する必要がある。そしてジャー

ナリストたちは自分の位置（本来ならイデオロギー）を明らかにし，解説なり論評に入るのが，受け手に映る真のジャーナリストの姿である。

(2) ジャーナリストの存在意義

情報がニュースになりそれを報道する場合，報道する側であるジャーナリストの判断で内容や方向性が左右される。受け手である読者の場合，その活字の網羅する内容からニュース内容を判断する。事件などの事実のみを知らせる報道内容なら問題はないが，判断を司法に委ねる裁判や政治関係のニュースでは，ジャーナリストのポジションによって報道内容は大きく変わってしまう。専門的知識を有し，情報の有無を理解している人たちへの影響は最小限にすむかもしれない。ところが新聞を情報の拠り所としている読者たちには，記者の感情や思考が記事に反映されることで事実から離れた世論を形成する危険性もあり，ジャーナリストによる世論操作は可能である。ジャーナリストの報道姿勢は一歩間違えれば，そのものが歪んだ世論や社会の風潮をつくることになる。マス・メディアの報道内容にはそのような懸念も存在してきた。長く，メディア・リテラシーの必要性が叫ばれながらも実際は，ジャーナリストの情報操作に覆われている現実を打破するのは困難でもある。情報がより増大し，氾濫している今日であるからこそ，ジャーナリストの存在意義は途方もなく大きい。

3　W・リップマンの『世論』

(1) 強力効果論との関係

ジャーナリズムの現場をあずかるジャーナリストは，マス・メディアの送り手側にいる。報道を世に出すというもっとも情報を左右する環境にいる。マス・メディアは世界を動かす実権としての権力をもつとさえいわれてきた。ここで古典的な研究からその影響力と効果を考えてみたい。

1922年，リップマンは『世論』(*Public Opinion*) を世に送り出した。この研究の中心にあるマス・メディアが，人びとに与える効果を「ステレオタイプ」という言葉で表現した。俗にいうマスコミ強力効果論の誕生であった[1]。リップマンによれば，マス・メディアによる報道は，現実の環境とは異なった環境，

第4章　ジャーナリズムと世論

つまり擬似環境を形成するという。そこに居ずしてあたかもその世界が自分のものになったような錯覚を受ける。ビジュアル的要素が含まれた報道ならなおさらである。マス・メディアによってもたらされたメディア環境は，多くの人びとを集合的な見解（世論）に誘導する。集合的な意見・見解は，世論を形成し，画一的なステレオタイプを生み出す。集合的状況による世論によって，固定化したコピーを社会に発信することになる。マスコミ機能にあるラザースフェルドの麻酔的悪作用などはその象徴でもあろう。マス・メディアによってもたらされた擬似環境とは，人びとが観念や想像によって描かれたその環境に対するイメージである。現実の環境と人間の行動のあいだには，頭のなかに映っている環境のイメージが介在しており，人間の行動はこの環境のイメージ，つまり擬似環境に対する反応とされている。[2]

　リップマンの描いた『世論』の冒頭には，社会生活がおこなわれている下界（一般社会）と頭のなかで描く世界が混在した人びとの状況が記されている。人びとが生活しているのは2ヵ月に1回だけ郵便船が訪れる離れ小島である。小島の彼らにとっての下界は，郵便船に積まれているメディア情報にすべてが網羅されていた。情報が閉ざされた離れ小島でも，自分たちの生きている基盤としての世界像がメディア情報である。郵便船の情報が現実の世界そのものであることに少しの疑いももっていなかった。島の人間は自分たちの頭のなかで描かれた世界像を信頼しているのだった。

　多くの人間は，自分たちがそのなかに暮らしているにもかかわらず，周囲の状況をいかに間接的にしか知らないかに気づく。その社会にかかわる情報が届くのがある時は早く，ある時は遅いことはわかっている。しかし，自分たちが勝手に実像だと信じているに過ぎないものを，ことごとく社会そのものであるかのように処理されているのに気がついていない。ニュースによって流されたシンボリックな内容がすべての人びとの日常と信じ込んでしまう。そこに登場した内容はほんの一部であることを本人は気づかないのだ。人びとが実際行為するのは現実環境によるが，その行為を刺激しているのは擬似環境である。ゆえに擬似環境は，人間の思考や情緒，想像力という世界をどれだけ実現させられるのか。マス・メディアの報道内容の受け取り方にかかっていよう。

(2) 擬似環境の構造

① 直接環境（リアル世界）

　直接環境とは日常生活の範囲内にあり，人びとの移動によって処理できる環境である。ほぼ現実環境に近く，把握さえすれば現実環境に等しい正確な情報をもたらす。多少のタイムラグが生じても生活範囲内でカバーが可能であればそれは直接環境となる。第1次的に認知され接触が可能な人びとの環境をいう。この環境ではつねに第1次的な信頼関係を生むには十分であり，物事の判断や意思決定を果たすにも良好な空間である。

② 間接環境（メディア世界）

　マス・メディアによってしかとらえきることのできない環境である。一般的には特派員配信による世界各国での出来事。国内における記者から配信された各種の事件や催事などの報道内容があてはまる。いずれもその場所に遭遇し直接的にキャッチしていなければ，そこでの事実はマス・メディアのニュースによってしか知りえない。物理的にその直接的情報認知が不可能な多くの受け手はマス・メディアによる情報に疑いをもたず，それを受け入れる場合が多い。しかし現実を把握する観点からみればそれは正確な情報とはいえない。あくまでも疑似環境である。ゆえにマス・メディアの報道と信頼性の問題へと発展するリスクも潜んでいる。今日の社会をみる限りつねに人びとは自らが陥りやすい環境のなかで活動している。まさに頭のなかで描く世界にそのまま帰属してしまうことにもなる。

(3) ステレオタイプ

　人間がイメージを抱く時，それに対してある種の固定観念をもつ。それがそのイメージを左右することでもある。ステレオタイプとは，「その社会であつかう対象をある一定の固定した考え方で単純化するとらえ方」である。人間の知覚作用に必然的にともなう固定した習性を意味する。人びとがバラバラに知覚したものをステレオタイプによって1つに寄せ集められる過程を強調している。ステレオタイプは一般に，単純化され固定化した紋切り型の態度，意見，イメージなどを指す概念として用いられている。多くの人びとに擬似環境を提供しているもっとも大きな媒体がマス・メディアであり，今日，人間はマス・

メディアが提供する擬似環境に多くを依存している。連続した形で提供されるニュースそのものがステレオタイプになる。したがって一般社会の世論形成は，マス・メディアの世論操作によって展開されることも多い。

　リップマンは世論を，「人びとの脳裏にあるさまざまなイメージ，頭のなかで思い描く自分自身，他人，自分自身の要求，目的，関係のイメージ」と考えた。社会的には，集団の名の下に活動する個人が頭のなかで描くイメージである。その結果は，出来事の真の空間，真の時間，真の重さが失われ，出来事はステレオタイプのなかで凍結させられる。世論はステレオタイプによって汚染されているという。[3]

　リップマンの指摘では，人とその人を取り巻く状況のあいだに一種の擬似環境が入り込んでいるという。直接的コミュニケーションが存在しない環境においては，人間の行動はこれに対する1つの反応であった。もしそれが実際行為である場合には，その結果は行動を刺激した擬似環境にではなく，行為の生じる現実の環境に作用することになる。人間は物事に対するイメージをつくる際，「みてから定義しないで定義してからみる」というようにある種の固定観念をもつことでイメージが左右されるといえる。シンボリック相互行為論などに共通する考え方でもある。人間の行為はたえず相手の出方によって対応を試みる。相手の背景が必ずありそれに対しての人間関係である。背景とは，水平的なつきあいか垂直的なつきあいか，つまり家族か友人か，上司か部下かなど多様だ。それに社会的なステータスのような属性は帰属の類が入り，相互の意思決定に影響を与える。

4　ジャーナリズムの強大さ

(1) 客観的事実と事実

　ステレオタイプが固定化されている場合，人びとの関心はステレオタイプを支持するような事実に向かい，それを矛盾する事実から離れやすい。これでは合理的な意見形成の必要条件とされていた「客観的事実」は，自明ではなくなった。一度確定した考えを改変させることは難しい。社会性を培い，安定した生活環境を手に入れた場合，変革を好まない保守的な態度形成をすることが

それである。

　ニュースは1つの出来事が起こったことを知らせる合図に過ぎない。それに対して真実の機能は，隠された事実を表面に出し，それらを相互に関連づけて，人間がそれにもとづいて行動できるような現実の情景をつくることである。その努力は人間社会でつねに求められている。ところがジャーナリストの報道姿勢1つでこの真実の機能は逆転する。それがメディアの一大キャンペーンなどである。政治や政局がらみになると生じるメディア側の客観性の変貌。客観的にみせながらも文脈などに存在する記者の意向やフレーズは読者の側にも多大な影響を与えている。

(2) 強大なジャーナリズム

　このようにマス・メディアから生じるステレオタイプの流れは，マス・メディアがあつかっている対象のイメージを容易に醸成し，偏見を生じさせる危険性をも存在させている。未知の事物や状況に直面すると人びとは自己が所属する組織や社会集団，社会的に正当性を勝ち得た観念・慣習（既成の価値や社会規範など）に依存し，その判断によって行動しようとする傾向がある。結果的に，マス・メディアは人びとに対して，単純化・画一化された偏見の形成が促進されやすい環境を生ませる状況をつくることになる。

　リップマンの世論は，マス・メディアから送られた内容が直接人びとに受容され，何の疑いもなくそれを認知した行動に出ることを検証した。逆にいえば，世論の意味を正確にとらえ日常の行動に支障のない環境をつくるのもマス・メディアの役割である。それを理想としながらもリップマンの世論にみる現実は，マス・コミュニケーションの強大さを認識させた提言ともなった。

　『世論』にみるマスコミ効果論としての検証は，あくまでも送り手が客観的な報道をし，受け手側が純粋にそれを受容するというある種の社会的規範が備わっての情報内容を指してである。

　ところが今日のメディアの客観性を無視した誘導型記事や，新聞社独自の見解を世論の総意のようにみせかける手法に対して，影響効果を検証するならば，多くの読者は疑いなく，その内容を素直に受け入れて認知することで，現実の世論が形成される。情報キャッチや複数の情報源を有する人びとなどの一部を

除いて，彼らにはそこ（メディア）にしか情報選択の術はないからである。一方向的で固定したマス・メディアのみを特定し（特定せざるを得ない）生活情報の糧にしている人は多い。ゆえにジャーナリズムの責任は大きい。

第2節　ジャーナリズムの影響力と「議題設定機能」

1　「議題設定機能」と強力効果論の再評価

(1) マス・メディアの「議題設定機能」

　ジャーナリズムの世論操作の論拠となる研究が，1972年アメリカのマスコミ研究雑誌に発表された。M・E・マッコームズとD・L・ショーによるマス・メディアの「議題設定機能」（agenda-setting function）である。この研究は，リップマンの『世論』以降のマスコミ強力効果論の再評価をなすにはふさわしく，いまなおマス・メディア研究の中核をなしている。

　議題設定機能とは，その時勢でタイムリーな論点に対し，「いまの争点はこれである」「重要な問題はこれである」「いまの話題はこれである」というように，マス・メディア自らが特定の議題を受け手である人びとに提示することである。新聞の社説・論説記事のみならず，雑誌のキャンペーン記事，テレビニュースでの特集やキャスターコメントなどにその本質をみることが多い。

　この議題設定機能における主張は，その時点における送り手側の公式な見解に対する「YES，NO」の態度を単に受け手に求めるだけではない。マス・メディアが特定の争点やキーパーソンに注目すればするほど，多くの受け手にとり，それが重要な問題だと認知面に影響を与えることになるということ。国際的な政治問題におけるメディアの主張に登場するゲストやコメンテーター1人をとっても，彼らがその問題にどのような立場に立つ人間であるのか，これまでの活動や趣旨（イデオロギー）はいかなるものであったのか，そうした背景も知らず彼らの議題設定によって，一般の視聴者は正確な争点から乖離したままの状況が続くことになる。

(2) 議題設定の効果面

マス・メディアの議題設定機能における効果面はつぎの3点にみられる[4]。

第1に，個人的な状況において重要な争点である。

これは個人が置かれている状況にタイムリーな内容であり，生活に直接的な問題に適している。受け手が潜在的に知りたいような情報が争点になることで，送り手側も設定しやすい。

第2に，集団内で重要と受け取られる争点である。

家族から学校，企業や国家までそれぞれの組織や集団にかかわる問題には敏感になる。ましてそれが集団の母体を揺るがすような，デリケートな内容を含むものに対して関係者は乗りやすい。

第3に，個人間の話題にみる争点である。

話題になるということは，その話題はその時々のトピックでもある。共通の認識をもつということは人間関係にも影響するから，当然その内容に沿った問題に人びとの関心は集中しやすい。

議題設定の効果にもあるようにマス・メディアから提示された内容は受け手の関心度に強い結びつきを示す。たとえば，議題設定の争点でも人びとに身近なものかそうでないものかによって受けとめ方は異なる。身近な問題であれば親しみや関心をもちやすい。そうでない疎遠な問題であれば接近しにくいが，逆に知らないことを知るという認知面の効果も期待できる。受容過程同様，受け手の帰属や社会的属性によっても効果は異なる。

2 「議題設定機能」の効果と問題点

(1) 議題設定と争点のレベル

議題設定効果にみる争点の違いが受け手側の環境に関連することは，送り手はいかようにも，受け手の関心に沿うような議題を設定することが可能であるからだ。その内容が受け手の影響の度合いによって差異も生じる。議題設定のもつ影響過程をみることになる。たとえば，争点の性質が多くの人びとにとってなじみやすく，自己のスタイルや知識の側面から影響度が判断しやすい時は，送り手の情報量に関係なく，争点の議題としての重要度は決定されやすい。

ファッションや趣味の世界などは、個人の嗜好が前提となるために、いかにマス・メディアが集中的に取り上げても、争点の重要度は個人の嗜好によって判断される。その争点はほとんど影響面から左右されることは少ない。逆に、争点の性質が自己のスタイルや知識などの不足から影響度を判断しにくい時は、送り手の情報に相関して議題の重要度は決定されやすい。自らの選択にも争点となる議題を中心におこなわれやすい。情報量と関心度の関係が個人の価値観と密接であることの証でもある。マス・メディアへの接触が多く、その争点への関心が高い場合には、争点に対するマス・メディアの議題設定機能は効果があるともいわれている。

(2) 議題設定機能の問題点

社会・経済的には、消費者動向や生活の質など、人びとが必要な状況を維持するために良好な論点を紹介し、それに対する参考意見としての論説などの提案がなされる。政治的には政局を絡めたキャンペーンなどは送り手の意図した政治方向や政治家の立場が強調され、マス・メディア側に都合の悪い内容はふせ、報道内容を脚色し、ある一定の方向に誘導するジャーナリストの作為的な記事なども目にすることは多い。

議題設定機能、今日では「アジェンダ・セッティング」と表記されることも多くなった。アジェンダという言葉の響きは重要な論点を提示する機能として認識されても、ジャーナリストの報道姿勢によっていかようにもなる危険性をはらんでいる。これまでの過程から考えると対象の物事の是非を問う前に、マス・メディアの情報内容（集中的な情報の洪水）そのものに大きく左右される可能性がある。したがって、受け手であるオーディエンスも氾濫する情報・報道に無知ではいられない。無知というより内容を識別する判断力をみがく必要がある。

活字メディアである新聞や雑誌と電波メディアであるテレビでは、その効果にも差があらわれる。新聞や雑誌であれば記録・保存性という性格から長期にわたりその効果があらわれる。テレビなどはその速度・瞬時性によって素早い対応が可能となる。ゆえに近年の各種世論調査結果をみる限り、質問事項の内容やシンボリックな文言のような（誘導される）選択肢などによって回答は、

瞬間的映像による視聴者への直接効果と同じく，数字（結果）の独り歩きとして誘導される危険性は高い。

マス・メディア１つをとっても，既存の媒体から分かれ，昨今主流になっている社会的ネットワークなどのコミュニケーション・メディアによる議題設定も多くなった。その時勢に沿って生じたトピックに対し，ネット情報はつねに二者択一を受け手に求める問いかけをする。その数字があたかも世論の声のように論評し，受け手に迫る。数字（中心）が物語る現実にある種の世論が形成されていくのは否定できない。

第３節　強力効果論の再生と『沈黙の螺旋理論』

１　強力効果論の再生

(1)『沈黙の螺旋理論』

1980年，E・N・ノイマンは，マス・メディアから発せられた効果は受け手にどのような影響を与えるか。受け手のもつ意見を変えることはできないにしても，反対意見を封じ込めることは可能。つまり変更しないまでも受け手を沈黙させる有効な手段になるとした。これがマスコミ強力効果論の再生として注目されマス・コミュニケーション研究に大きな影響を与えることになった，『沈黙の螺旋理論』（*The Spiral of Silence*）である。

ノイマンいわく，マス・メディアが人びとを取り巻く社会環境に関する情報の提供を一手に引き受け，また多数のチャンネルを通じてほとんど同様の内容を報道し，日々これ累積し続けるならば，それが人びとの意見形成，ひいては世論の形成に影響をおよぼさないはずはないとする。[5]

たとえば，何かの集まりのなかで，マス・メディアで報道され多くの人びとが賛同した記事を中心とした論議が進められた場合を想定する。この場で自分の意見が少数であると認識した時，多くの個人は，自己の孤立を恐れる行為に走る。それが自己の意見を抑制するためにあえて沈黙を守る行為に反映される。こうした傾向にみる状態こそ沈黙の螺旋である。

沈黙の螺旋は一般社会のあらゆる領域で生成されている。とくにコミュニ

ケーション環境におけるマス・メディアの提示に対する環境形成では，そこに集う人びとの質によっておこなわれる会話の次元にもかかわる。それが友人どうしの水平的コミュニケーションである場合と，上司や得意先関係者という垂直的コミュニケーションになる場合では，沈黙の螺旋度合いは異なるであろう。それ以外の状況下でも社会性を維持したい人びとは，周囲にいる人間の発言内容や意見の動向に沿った対応に動く。自らの考えと反対の内容でも人間関係を優先し，その場を繕い自己の意思に反した避けられない行動をとってしまう。

(2) 沈黙の仮説と孤立への恐怖

沈黙の螺旋として代表的なのが人びとの孤立への恐怖である。ノイマンが検証した選挙キャンペーンを例に考える。「誰が声をあげ，誰が沈黙を守るかによって意見風土が変わる」という[6]。

個人がある一定の候補者が集う環境にいた場合，個人は周囲に合わせて，選挙で応援していたその陣営のバッジをつける。しかし逆の場合，個人は周辺と異なる候補者を応援していてもその候補者の陣営のバッジをつけることを恐れ，はずしてしまった。

また，選挙に利害関係もなく，人間関係においても孤立におかれている人，知人のいない人は選挙キャンペーンにおいて目立った態度は表明せず，勝敗の決する最後の瞬間に勝ち馬に乗るといわれている。しかし，勝ち馬効果は通常，誰もが勝者でいたいと思い，勝者に属したいと願っていると考えられているが，果たしてそうであろうか。つまり，そこには自己の孤立を回避したいという，多くの人が抱く願望を，孤立している人にも該当するのかということである。ノイマンは他者から相対的に孤立した人が，選挙における投票のなだれ現象にもっとも陥りやすい人であるとした。さらに相対的に自分に自信がなく，政治に関心の低い人も最後に投票意図を変える傾向にあることも判明した。孤立を恐れる個人の心理傾向が投票行動にもあらわれた1つの事例である。

2 『沈黙の螺旋理論』と沈黙の仮説

(1) 沈黙の仮説検証

つぎに調査を駆使した仮説テストである。この仮説では沈黙の螺旋を決定づける「孤立への恐怖」という動機を検証した。[7]

最初は「列車テスト」である。列車内に乗車した母親たちの子どものしつけや子育てについての議論である。母親Aは、「基本的に子どもの体罰はいけないこと、たたかなくても子どもは育てられるもの」と述べた。主婦の40%はこの意見に賛成した。つぎに母親Bは、「子どもの体罰は子育ての一部だと思う、子どもに有害なことは決してなかった」と述べる。この意見に主婦の47%が賛成した。残りの13%はどちらともいえないと答えた。

ノイマンが指摘するのはこれに続く重要な質問である。まず、「あなたが列車に乗って5時間の旅をしていると想像してください。あなたのコンパートメントにはある女性が乗っていてこんな意見を持っていたと考えて下さい」と状況設定する。ここで質問は二手に分かれる。最初に体罰反対であった主婦には、体罰賛成派の女性を列車に同席させ、逆に体罰賛成派の主婦には体罰反対派の女性と同席したと仮定してもらう。つまり、いずれの場合も自分とは反対意見の人と同席したことになる。そして全員に、「彼女と話して、その意見をもっと知りたいと思いますか、その必要はないと思いますか」とたずねた。

ここでチェックすべきは、立場によって自分の意見や信念を弁護する積極性がどれだけ違うかという点であった。自分の意見と反対派の人間に対し、そこでは体裁を繕って賛同したかにみせるか。あるいは自分の立場を積極的に表明する行為に移るか。どのような状況であれ、他人に対してより大きなインパクトをふるう人間こそ大きな影響力を持ち、賛同者を増やす可能性があるとノイマンはいう。

もう1つは「脅威状況テスト」である。[8] これは非喫煙者の前で、たばこを吸う調査である。たばこを吸わないAの発言、「たばこを吸う人は、まったく無分別だと思います。健康の害になる自分の煙をまわりの人に吸い込ませているのですから」、これに対してたばこを吸うBの発言、「ウーン、私は……」。

この状況からよみとれることは、喫煙者が非喫煙者の強い反対意見に出合っ

て脅威を感ずる状況である。ここにある反対意見の脅威が，喫煙者の意見を公然と主張するか否かに影響するかを測定することになる。沈黙の仮説の列車テストでは，孤立の危険を感ずれば沈黙する。つまり，積極的な態度表明者や社会的支持の存在は，非喫煙者の口をなめらかにする。この問題が状況によっては，主題が逆の場合もある。これは子どもの子育ての問題にも共通している。

(2) 世論の操作的定義

固定化された伝統や道徳，規範の領域でも，世論という意見や行動は，孤立したくなければ口に出して表明したり，行動として採用したりしなければならない。既存の秩序は，一方で人間の孤立への恐怖と受容されたいという要求に守られ，他方では人びとが確立された意見や行動に従うべきだという法廷の判決ほどの重みをもつ強い公衆の欲求によって守られている。

ノイマンによれば公的意見としての世論は，「論争的な争点に関して自分自身が孤立することなく公然と表明できる意見」であるとする[9]。世論が強まったり弱まったりするのを実感できる能力，この実感に対して，発言したり沈黙したりする反応に対し，大勢の人を他人の意見に積極的に賛同へ向けることで，孤立への恐怖という世論の操作的定義を出すことになった。沈黙の螺旋理論によって示唆する世論の効果が導き出され，マスコミ効果論研究のあらたな進展となった。

第4節 「第三者効果」と「社会依存モデル」

1 「第三者効果」にみる意見の抑制

(1) マス・メディアの論調と第三者効果

マス・メディアに設定された議題に対し，本人の判断とは別に周囲の人びとから受ける影響によって，それに沿った特定の行動が誘発される。W・P・デイビソンは，これを「第三者効果」(the third person effect) と名づけ，1983年に研究成果を発表した。マス・メディアからの影響力は自分ではなく周囲の人びとによって起こされていると思わせることができるとした[10]。

これは「多元的無知」ともいわれている。多くの受け手は「第三者効果」によって，実際の意見の分布状態とは別に，マス・メディアが強調する意見は，多数意見と見誤りやすい状態に置かれている。こうした状況下では，多数派からの孤立を恐れるという心理的傾向がはたらき，少数意見と思われる人は沈黙を守ったり，自分の行動を抑制したりする。傍観者的なこの態度によって，マス・メディアの論調が多数を占め，結果的にはマス・メディアの情報と同じ意見に流されてしまう。

マス・メディアと同じ意見の人は，自分の意見が認められているという感覚から，多くの場面で自分の意見を表明しやすくなる。そして自分の意見を決めかねている人は，最終的に多数派意見と思われる方向に同調してしまう結果となる。世論調査の結果がそれを象徴している。世論の動向として真実の意見と思われ，自分もそれに沿った意見に修正されることが多い。正しい意見や考えを表明したくてもそれを抑制する行動に走る。NOといわない人たちだ。

(2) 沈黙の螺旋との共通性

マス・メディアに送られた論調に対して人びとはどのような態度を示しているのか。沈黙の螺旋と第三者効果の共通性はつぎのように整理される[11]。

第1に「補強効果」である。

自分の意見がマス・メディアの中心論調と同じである人は，その意見が活性化される。メディアの支持を自信に周囲の人にも意見を主張しはじめる。

第2に「沈黙化効果」である。

自分の意見が異なると認識しながらも自分の意見に賛成であったとしても，多数派からの孤立を恐れるという心理過程が機能する。意見を変えないまでも自分の意見を主張することに対し抑制効果，すなわち沈黙しがちとなる。

第3に「第三者効果」である。自分の意見を決めかねている人は，マス・メディアの情報は自分の周囲の人には影響ないが，多くの他者には影響を与えていることを知る。マス・メディアの論調と同じ意見を主張する多数派からの孤立を恐れるという心理傾向から，多数意見と思う方向に自分の行動を適合させていく。

結果的に人びとのおかれている組織などでは，他者依存の状況を無視できな

い時の自己の意見や主張は，上司や協調関係にある人びとと同一のものとなってしまう。一般的な話題であればあるほど，それも第1次的な情報認知が不可能であれば，マス・メディアの報道の沿った同じ意見の人が多くなる。何を意思決定の判断材料にするかと問われた場合，マスコミを第1にあげる人びとのあいだに根づくものこそ，そこに迎合する何ものでもない。マス・メディアの報道，世論結果，争点の提示の流れに対する人びとの意見。沈黙の螺旋理論と第三者効果のそれぞれの見解から，あらためてマスコミ強力効果論の意義を浮上させる研究となった。

2　もう1つの強力効果論「社会依存モデル」

(1) 社会依存モデル

1976年，M・デフリュとS・ボールロキーチは，沈黙の螺旋理論と第三者効果から連続した強力効果論として，「社会依存モデル」（dependency model）を提示した。

人間生活において重要な判断や意思決定をおこなうにあたり，何を判定基準にするのか。判断するに十分な材料がそろっていても何かに頼ることは自然の流れでもある。判断に確信がもててもさらにそれを支える根拠を要求する。その過程を一般社会から解明しようとするのがこの社会依存モデルである。

このモデルで考えられるのは個人が置かれている生活環境によってその対応が変わってくるということ。ゲマインシャフトとゲゼルシャフト，プライマリーグループか，セカンダリーグループか，集団規模においても変化する点に注目してそのメカニズムを示してみる。

(2) そのメカニズム

社会依存モデルの発生メカニズムとして考えられるのがつぎの3要因である。[12]
最初に「社会の構造的要因」である。

これは社会の基本的価値観のゆらぎ（不均衡状態）が起こると，社会の側が人びとの価値観を一律に強制できなくなる。そこでは当然のように人びとの価値観は多様化せざるをえない。伝統や慣習というその環境に根差したシステム

がゆらいだ状況にみられる。人びとはあらたな問題が生じるたびに，それに対応する自分の意見をみつけだしていかなくてはならない。社会の価値強制力の衰退でもある。

第2に「受け手の情報入手要因」である。

第1次的人間関係とコミュニティが消滅すると，地縁・血縁の人間関係内に一般化していた情報にゆがみが発生する。共同体に多くを依存していた状態に変化が起こる。それはゲゼルシャフト的な工業社会に移行し，生活圏が拡大すると，多くの人びとはその拠り所をマス・メディアに求める。マス・メディアの情報に依存する機会が増大する。個人はマス・メディアに依存し，受け手側の情報入手ルートは必然的に偏向（マス・メディア）するのを余儀なくされる。

第3に「マス・メディアの伝達機能要因」である。

積極的なメディア報道に個人は無意識に誘発され，接触依存が高まる。自己の意見形成が不可能な受け手は，沈黙の螺旋に巻き込まれる。マスコミ4媒体といったメディアが工夫を凝らし，受け手のニーズにあった争点に対し，関心を惹くような報道をおこなうと，人びとは無意識にもマス・メディア報道に頼り切った選択をする機会を自ら求めることになる。

マス・メディアの伝達機能と報道中心性の増大がもたらしたものは，マス・メディア報道に信頼性をおくというより，情報の選択条件がそれしかないという現実を生んでしまったことだ。マスコミの権力やパワーと呼ばれる背景には，「マスコミ」イコール「限定された情報」という図式を当然のように受け取るオーディエンスの多いことにある。限定効果論と強力効果論という一連の研究成果など，あらためて各自に該当する事例に沿うように正確に分析し，効果研究の本質を見極める必要がある。純粋にジャーナリズム研究に求められている現実の課題である。

注
(1) Lippman, W., 1933, *Public Opinion,* The Macmillan Company.（掛川トミ子訳『世論』上巻，岩波書店，1987年，172頁）
(2) 同上訳書（上），264頁。
(3) 同上訳書下巻，岩波書店，1987年，294-295頁。

(4) McCombs, S and Shaw, D., 1972, The Agenda-setting function of Mass Media, *Public Opinion Quarterly, 36*, pp. 176-187.
　　小川恒夫，1988年，「受容過程研究の展開と今後の課題」『マス・コミュニケーション研究 No. 53』，日本マス・コミュニケーション学会，18-33頁。
(5) N-Neumann, E., 1984, *The Spiral of Silence : Public Opinion*, The university Chicago press.（池田謙一・安野智子共訳『沈黙の螺旋理論──世論形成の社会心理学』，ブレーン出版，1997年）
(6) 同上訳書，26頁。
(7) 同上訳書，18-19頁。
(8) 同上訳書，46-52頁。
(9) 同上訳書，68頁。
(10) Davison, W. P., 1983, The third-person Effect in Communication, *Public Opinion Quarterly, 47*, pp. 1-15.
(11) 小川恒夫，1988年，前掲論文参照。
(12) Defleur, M. L and Ball-Rokeach, S., 1975, A Dependency model of mass media effect, *Communication research, Vol. 3. No. 1*, pp. 3-21.

参考文献

W・リップマン，掛川トミ子訳，1987年，『世論』上下，岩波書店
J・T・クラッパー，NHK放送学研究室訳，1968年，『マス・コミュニケーションの効果』日本放送出版協会
W・シュラム編，学習院大学社会学研究室訳，1954年，『新版マス・コミュニケーション──マス・メディアの総合的研究』東京創元社
E・カッツ，P・F・ラザースフェルド，竹内郁郎訳，1965年，『パーソナル・インフルエンス──オピニオン・リーダーと人びとの意思決定』培風館
P・F・ラザースフェルド，B・ベレルソン，H・ゴーデッド，有吉広介監訳，1987年『ピープルズ・チョイス──アメリカ人と大統領選挙』芦書房
E・N・ノイマン，池田謙一・安野智子訳，1997年，『沈黙の螺旋理論──世論形成過程の社会心理学』ブレーン出版
水原泰介・辻村明編，1984年，『コミュニケーションの社会心理学』東京大学出版会
竹内郁郎・岡田直之・児島和人編，1987年，『リーディングス日本の社会学20──マス・コミュニケーション』東京大学出版会
竹下俊郎，1998年，『メディアの議題設定機能』学文社
城戸又一編集代表，1974年，『講座　現代ジャーナリズムⅥ──ジャーナリスト』河出書房
小川恒夫，2006年，『政治メディアの「熟慮誘発機能」──「マニュフェスト」時代の効果研究』八千代出版

第5章
ジャーナリズムと説得的コミュニケーション

第1節　世論から考える

1　情報環境の受け手

(1) 世論の意味

　世論とは,「その社会のなかで発生している諸問題に, その成員の意思決定が示された集合的見解」である。社会学的には政治に限定せず,「社会システム内に発生した, 何らかの解決を必要としている問題や課題を, 当該メンバーによって解決の指針を発する集合的な見解」を世論と呼びたい。

　世論として生成するには, ある集団や勢力が社会全体に影響をもつ事態に遭遇した時, その効果を発揮する。その集まりは何らかの方法で自分たちの意思を明らかにし, その志向の実現のために努力されることでもある。そこにはある一定の見解をみることができる。それが世論の動向となる。世論の集合的な性格を成員個々人の意見の単なる全体の指向とみるか, それとも個人の意見に還元することができない社会的な現実としてとらえるかはそれに携わる人びとによって意見も分かれるところである。一般的には, その社会システム内のメンバーどうしの相互作用的な動きの集約としてあつかうのが適切と考える。

　また世論においては, 社会で提示された問題や課題に対して, キーパーソン的な役割を果たすオピニオン・リーダーたちの意見が注目される。多くの公衆 (public) は, それらの意見に影響を受けながら支持を集め, 反対意見の公衆との議論が闘わされる。公衆とは, 純粋に精神的な集合体で, 肉体的には分離し心理的にだけ結合している個人たちの散乱分布であるといった古典的な概念も

ある。[1]

いずれにしろ近代社会の確立とともに、社会構造の変動過程において、世論が現実のなかで無視できないものとして体制側にも映るようになった。政治姿勢やイデオロギーの立場いかんにかかわらず、世論の動きには敏感にならざるを得ない時代へと移行していった。そこで重要な存在になってくるのが公衆と呼ばれる人びとであった。

(2) 注目される世論の動向

人間生活のあらゆる場面で世論の動向に注目している人びとは多い。ジャーナリストや政治家などのオピニオン・リーダー、利害関係をもつ組織や集団、マーケットの関係者、この世論の動きに一喜一憂する人びとは数えきれない。

たとえば、その国の政府は各種のメディアが実施する世論調査の内閣支持率にその内閣の命運をかけるであろう。テレビ視聴率にかかわる数字のアップダウンに、番組とスタッフ、放送局からスポンサーにいたるまで、数字をとることに必死である。新聞や雑誌でも、その実売部数の上乗せに世論の声は、多大な影響をおよぼす。市場においても、その商品の売れ筋に世論の意見を無視することはできない。まさに世論とは、今日の生きた社会、情報環境そのものの反映である。

2 世論の形成

(1) 争点が存在し提示される

世論が成立するためには何らかの争点が存在し、かつそれが人びとの前に提示されなければならない。ある問題に際して、賛否その他複数にわたる見解が成立し相互に対立し合う時、それが世論の形成をもたらす争点となる。政治家などは自らの考えを探るためにアドバルーンをあげて世論の様子を伺うことや、市場におけるマーケターたちのモニター調査など、多方面にわたって利害関係の絡む争点の提示をみることができる。

個人レベルとしては一般大衆に争点が示され、それを討論し各自が一定の態度決定を進め、それを自己の主張として正確に相手に表現する。集団レベルで

は，自己が所属する集団の成員であることに従いながら，一方では，同質の見解や主張をもつ他集団との協調関係を図る。そして他方，異質な見解や主張をもつ他集団とのあいだでは，競合関係に立ちながら，対立や懐柔策など多様な態度をとり多数意見へ結びつけようとする。

(2) 世論の発展

情報社会と称される社会では，情報環境そのものが世論の動向と呼べるほど多方面において観察することができる。いつなんどきも世論の動きに目を離すことはできない。情報の送り手側はさまざまな手段を講じながら世論の動きを探っている。人間の集まる場にはこの世論が大きく覆いかぶさり，人びとの意思決定に何らかの影響をおよぼしている。

世論の発展には，つねに社会で提示される争点に対して公衆どうしが議論を闘わせ，意見のぶつかりから調和，あらたな争点の再提示，そして分裂もあれば収斂されることもあり，その過程こそが世論の発展につながると考えられる。自由な形での議論の存在こそ，近代民主主義における人びとの政治参加を促進させた。

(3) 世論に与えるコミュニケーション効果

世論に与えるコミュニケーション効果を考えると，必然的にプロパガンダの問題が浮上する。歴史的には新聞によって戦争や独裁者を誕生させたことに端を発してきた。それが次第にラジオによる肉声によって主張が広がり，あらたなプロパガンダとして選挙活動などに影響をおよぼしはじめる。そして映像を駆使したテレビの登場は人びとの意識を左右する視覚的な効果があらわれ，コミュニケーション機能による効果は絶大であった。世論に与えた衝撃はより強大となる。

さらにコミュニケーション形態の進歩は，多様な媒体を登場させ，それを駆使するプロパガンダが増大していく。プロパガンダによる影響力は単に政治的なものから，商業的なプロパガンダに移行することで，よりソフトなスタイルとして，世論はより発展を繰り返している。

世論の対象はいつの時代も政治が中心でありながら，時代の変化に乗じ人び

との生活にかかわるテーマを追い求めることも現代的な世論となった。むしろ今日的世論として，快適な社会生活実現のための地域住民の声というコミュニティ的な，身近な見解も対象となってきた。そこには人びとの動向を左右するさまざまな試みも存在している。世論に与えるコミュニケーション効果とは，そんな人びとの考えに影響を与えるプロパガンダ的意味でもありそれを無視することはできない。

第2節　世論操作とプロパガンダ

1　大衆説得と世論操作

(1) 大衆説得とは

　世論を操作させる（影響を与える）もっとも有効な手段として大衆説得（mass persuasion）と呼ばれるものがある。大衆説得とは，「大多数の人びとに論理的・情緒的な手段を用い，大衆の意見（態度・信念）に対し，大衆を操作する側が有利な状況になるような方向に意図的に定め，大衆にある一定の行動を起こさせる言動」である。

　通常一般の説得は，論理を媒介としながら相手の自発性を尊重し，納得と合意を獲得するところに特徴がある。しかし情緒への訴えをまったく度外視するわけではない。ところが大衆説得の場合は，理性や知性よりもむしろ情緒や感情に訴えて，「強制なき同調」というスタイルを用い巧みに相手を誘導している。強制なき同調という手法は攻撃的なるものでなく，相手の感情面に直接的・間接的に入り込むもので，いたるところでその手法が採り入られている。

(2) 世論操作

　近代の社会においては，つねに特権的な階級が有利なように，新聞紙面などを通じ，宮廷の様子，議会の討論や議論の内容が掲載されていた。送り手側は，それを読んだ多くの人びとは新聞に掲載されているそれらの内容が，あたかも社会全体の意見のように思わせ，1つの世論を規定する方法がとられてきたのである。

今日，マス・メディアが論説などで都合のいい解釈や誇張した報道，特定の意見を流すことで，ある方向に世論が誘導されることも多い。とくに資本主義の発達とともに，マス・メディアそのものがスポンサーなどと強い結びつきをもつようになったため，報道の仕方もより複雑になっている。新聞社のイデオロギー性や，特定の傾向をもつ編集記者，論説委員，ジャーナリスト。テレビ番組の編成，キャスターコメントによる誘導。それに特定のタレント使用とプロダクションの関係などによる独占の影響も計り知れない。近年のマス・メディアを中心とした娯楽にも，世論操作的な画一化された内容が溢れ出ている。こうしたメディアの現実に受け手自身はどのような判断をくだすのか容易ではない。

2 世論操作とプロパガンダ

(1) 宣伝・プロパガンダ

世論操作はその方法により，政治的なものから一般情報や PR 的なものと，分類は多岐にわたる。もっとも重要なのは宣伝（propaganda）である。宣伝とは，「多くの人びとの生活様式や行動様式，それに態度・意思決定などに多大な影響を与え，送り手の意図するある一定の方向へ，受け手を向かわせる組織的な試み」である。

操作する側は自己の都合のよい部分を表出させ，人びとに共鳴させる手段を用いる。また，立場や見解の対立する問題に関し，言葉やその他のシンボルを駆使し，個人あるいは集団の態度と意見に変容を与えるような環境をつくる。そして意図した方向に彼らの態度や意見を変化させ，ある種の行動へと誘うことを目的とした説得的コミュニケーション活動である。

宣伝者は通常，本来伝えるべく内容の真実の宣伝意図を隠蔽し，送り手側である自己に有利な情報や主張を一方的に提示することや，人びとの情緒的共鳴を得やすい象徴やスローガンを巧みに操ることによって大衆を操作する。マス・メディアの発達と，それにかかわるスポンサーなどの強い利害関係もありその効果は年々高まっている。

(2) 政治宣伝と商業宣伝

　宣伝はプロパガンダと表記される場合が多い。一般に宣伝は，政治宣伝と商業宣伝に分けられる。

　政治宣伝は，論争的な政治的・経済的・社会的問題をめぐって，世論を宣伝者にとって有利な方向に操作する試みである。その手法も過度なスタイルが多いのが特徴である。

　商業宣伝は，消費者に商品やサービスあるいは企業についての情報を提供しながら，広告主に有利な態度や行動そしてイメージを誘導しようとする。商業宣伝は，デパートや各企業が消費者に自社の商品の有利な点やサービスを提供する。これにはチラシや看板，テレビのCM，新聞・雑誌の広告記事など多彩であり，送り手側のイメージアップを図っている。

第3節　政治的プロパガンダ

1　政治宣伝の意味

(1) 政治宣伝の目的

　政治的プロパガンダである政治宣伝は，送り手である宣伝者が政治や社会問題などを受け手の人びととの動向に合わせ，送り手が有利な方向に誘導しようとするものである。たとえば，対立している攻撃相手にダメージを与えるような中傷やデマを流し，マイナスの印象を植えつけたりする。選挙活動中における怪文書，中傷ビラなどは，攻撃相手のウイークポイントめがけて発せられることが多い。

　最近では政治宣伝の趣向もメディアを駆使しながら複雑性を醸し出し，本人以外に周辺関係者にも被害がおよぶような攻撃も目立っている。活字をもとにした文書類などにみられた中傷やデマなどから，今日の社会的ネットワークによる巧妙なプロパガンダも増加している。政治宣伝のスタイルもメディアの発達により大きく変わろうとしている。宣伝する側は，いかに目的が達成できるかに絞るためその手段を選ばない風潮も目立つようになった。

(2) 政治宣伝の効果

政治宣伝の方法としては，プレステージのある人物を用いて，弱者の立場や大衆向けのスタンスをとりながらその内容を伝達する。宣伝者は自分たちこそ，世論の動向そのもので，大多数の人びとに支持されているような演出を練る。そして大衆は，その宣伝者に同調することによる何らかのメリットを受けると信じ込んでしまう。

戦争中の政治宣伝はその典型的な事例である。自陣は攻撃相手のマイナスの印象ラベルを貼り，それを人びとに伝達する。その伝達は社会的なプレステージをもつ者に代弁させる。伝達は大多数の人びとが支持する言葉や表現を用いながら，大衆的・庶民的ポーズによって演出する。自陣の体制に乗り遅れないように訴えながら煽動を繰り返す。対外的には自陣の不利な内情は隠蔽する。つねに優位であるように仕向ける。結果的に，多くの人びとを自陣の政策に共感させ，自陣が提起した方向へ導かせることである。

2 政治宣伝の特徴

(1) 煽動・アジテーション

政治的プロパガンダに必要不可欠なのは，煽動・アジテーション（agitation）である。煽動とはある対象とする内容を多くの人間に教示する活動である。指導者が大衆を説得し，組織化する。具体的には，情緒的な不満や愛憎を刺激しながら演説やビラなどで大衆を説得し，特定の行動へ人びとを動員する。

アジテーター（agitator）は，煽動をおこなうものを指す。つまり煽動者であるアジテーターには大衆心理に対する極めて冷酷な態度と，畏敬的雰囲気が付与されている。

(2) アジテーターの背景

歴史的なアジテーターとしては，ロシア革命の代表的指導者であるN・レーニンがあげられる。レーニンはアジテーターであり革命的エリートといわれた。彼の煽動は1つの観念を多くの大衆に伝え広めることができた。その結果，ロシアにプロレタリア革命を実現させ，『帝国主義』論（1917年）を代表作として，

社会科学全般に長けた知識をもち、マルクス主義の理論と実践に新しい指針を示すことにもなった。レーニンの思想は、レーニン主義と呼ばれた。歴史的にアジテーションは、社会主義国のプロパガンダであり、マス・コミュニケーションの特徴の1つとしても考えられる。

　もう1人の代表的アジテーターにロシアのマルクス主義導入に貢献した革命思想家G・プレハーノフがいる。プレハーノフはレーニン同様、革命的指導層を理論武装させる宣伝と煽動を理論的に区別し、それぞれの効果を発揮させることに成功した。マルクス主義哲学的にも独自の見解をもち、学者としての側面もあり、『歴史における個人の役割』(1898年)を代表に研究書も多い。

(3) ナチズム

　ドイツ国家社会主義とも呼ばれるナチズムは、A・ヒトラーの指導としても有名。ヒトラーは1919年にドイツ・ミュンヘンにて国家主義ドイツ労働者党を結成、1929年の世界大恐慌による人びとの社会不安に乗じて勢力を伸ばした。単なる極右政党ではなく、国家の粋を前面に押し出したアジテーションで大衆行動的な党であることを国民に植えつけた。ヒトラーは権威主義や反ユダヤ主義などを掲げて大衆集会やテロリズムを繰り返した。支持者層も小農民から婦人、青年層へと広げていき、1933年には政権を奪取し、ドイツに独裁体制をしいた。

　ナチズムはアジテーションが政治に浸透した歴史的事例といわれている。ヒトラーの代表作『わが闘争』(1925年)は、世界中で翻訳されている。

(4) ファシズム

　ファシズムとは、民主主義を全面的に否定した全体主義的な政治体制であり、その体制の実現をめざした思想的イデオロギー運動である。歴史的には20世紀前半からの資本主義体制の危機的状況に便乗し、国民の不安や不満、反資本主義的感情を最大限利用した。そして資本主義を誹謗し、ファシズムは各国で勢力を伸ばしていった。

　ファシズムの特徴は、独裁者・一党独裁、自由主義の全面的抑圧であり、経済への国家介入などがある。また体系的な思想や理論というイデオロギーはな

かなか見出せないが民族や国家の絶対化は明確である。

現実には独占資本と癒着した体制側が，その既得権や特権を維持するための「予防的反革命」の思想と運動であったといわれている。国際的にはイタリア，ドイツ，スペイン，日本などでファシズムが権力の位置についた。一般国民を無視した，国内における過度の弾圧，民主主義の否定，他国に対する侵略，好戦的排外主義を特徴とする政治体制であり，第二次世界大戦の大きな引き金となった。

第4節　説得的コミュニケーションと大衆説得

1　説得的コミュニケーション

(1) 説得的コミュニケーションの意味

説得的コミュニケーション（persuasive communication）とは，「一般的には人びとの意見や態度，あるいは行動を説得者の意図する方向に非強制的方法によって受容させる，コミュニケーション行為」を指す。それには送り手の意図する方向に受け手の志向などを変容させようとすることである。その多くは言語的コミュニケーションのスタイルをとっている。説得的コミュニケーションの効果は，送り手，メッセージ，媒体，受け手，状況などの媒介要因が主要な変数となっている。

(2) 大衆説得

説得的コミュニケーションは，ある意味大衆説得の浸透によってより大きな効果がもたらされてきたともいえる。大衆説得は，人間の情緒的な手段を用いて，大衆の意見・態度・信念をあらかじめ意図する方向に変容させ，一定の行為を起こさせる過程である。

通常人びとがおこなう説得は，1つの問題に対して論理を媒介としながら相手の意思や考えを尊重し，相手の理解しえる説得方法から同意を得るというものである。それに対して大衆説得は，人間への情緒的訴えを無視するものではないが，人間の理性とか知性などより，もっと強い感覚や感情が用いられてい

第5章　ジャーナリズムと説得的コミュニケーション

ることは否定できない。その情緒的な側面こそ一般大衆に，強制なき同調を誘うことを意味している。

　大衆説得は，大衆社会の到来との関係を抜きに語れない。日常あるコミュニケーションのスタイルが，これまでのような命令的な手法をとらないことからも伺える。説得的コミュニケーションによる多くの人びとへの説得，つまり大衆説得が登場したのも多様な人びとが自由に参加可能になった，画一的な大衆社会の背景がある。

2　R・K・マートンの実証研究

(1) 大衆説得の事例

　さらに大衆説得を可能にしたのは，マス・コミュニケーションの発達によるところが大きい。その根拠ともなる大衆説得にかかわる研究がR・K・マートンによってなされた。マートンによる大衆説得の事例として，もっともポピュラーなものは，「ケイト・スミスの債権募集運動」である。

　1943年9月21日，コロンビア放送局の戦争債権の日。ラジオスターのケイト・スミスは，ラジオ放送を通じて朝の8時から翌日早朝2時まで，リスナーに対して，65回にわたり戦争債権の購入を懇願した。その結果，最初の募金では100万ドル，2度目は200万ドル，この3度目の公債アピールでは，1日に900万ドルの債権誓約が得られることになった。マートンはこの運動をつぎの6つの視点から分析した。[3]

　第1は「現実生活の状況」である。

　現実生活のなかでプロパガンダに対する反応の状況分析したものは，工夫してつくられた状況のなかのものに比べて相対的にかなり少ない。つまり余計なノイズが入らないことである。工夫して用意された実験室的な状況の反応とは異なり，多くのリスナーは進んでスミスの放送を聴いたのである。大衆説得の媒体としてのラジオの具体的な働きを理解するためにこの研究が価値のあることは明らかであった。

　第2は「説得的効果の指標」である。

　これはリスナーの現実は，スミスの説得に対して戦争債権を購入するといっ

た形で反応した。他のものでは戦争債権を購入しなかったという事実が残る。これは説得についての効果的な1つの指標となっている。

　第3は「自我包絡(じがほうらく)」である。

　スミスの説得にある，罪，憐れみ，同情，不安などは深い感情を惹き起こし，これを活発にしたことである。放送によって与えられた文脈のなかで，多くの人びとの心の奥底にある感情があらわれてきた。人びとを情緒的に惹きつけたことになろう。

　第4は「刺激の型」である。

　問題は客観的な刺激の型の本質部分に対して，スミスが放送した言葉を通じて接近することである。放送中におけるスミスの話しの内容と，スミスの声も刺激状況になっていることからも，客観的な局面を確定することができた。

　第5は「インフォーマント・被調査者」である。

　この研究対象はさまざまな教育程度，宗教集団，広範囲な社会階層，多彩な人種的背景などの社会集団に所属する人びとからなる。これらのインフォーマントが，スミスの放送を聴いた代表的なサンプルであると限らない。しかし，この多彩な社会的地位というものが，同質的インフォーマント集団によるものに比べれば，プロパガンダ状況に対して，より広範囲な反応をすると考える根拠になる。

　第6は「社会的・文化的脈絡」である。

　実際，この事例研究における文脈のなかで，スミスの放送に対する反応をよみとる重要性が発見された。それはスミスの説得の基礎に含まれていることである。スミスのアピールの内容にもとづいて解釈することの適応性だけではないこと。つまりスミスについてのリスナーのイメージ，社会の階級構造，住民のさまざまな階層の文化的基準，社会的に惹き起こされる期待，感情，緊張など，これらすべてが複雑に絡み合って，債権募金運動に対する型に含まれるということであった。

　マートンのこの視点は，スミスの債権募集運動は大衆説得の事例研究に適切な材料を提供したことになった。

　またマートンによれば，この事例研究にみる内包的な分析は，2つの目的に役立つという。1つ目は，具体的な生活状況の複雑さのなかから，説得が起

こったか起こらなかったかを確定するのに，決め手となる変数を探し出すことができる。2つ目は，そうした説得に含まれる過程とダイナミズムとをはっきり見極めることができるようになるなどであった。結局，これらの事例からは，プロパガンダと説得についてさらに進んだ研究の方向性を提供するようなプランも立てられる道もつくった。

(2) 大衆操作

大衆説得の方法を用いて，一般大衆に特定の行動をとらせる過程を大衆操作 (mass manipulation) という。通常，大衆操作は政治権力によっておこなわれることが多いが，商業宣伝もまた大衆操作の例としてあげられる。とくに大衆社会につきものであるマス・メディアの発達とそれに並行したコマーシャリズムこそ，大衆説得をより増長させる最大の要因であった。

今日では大衆操作の意味も多角的に取り上げられ，日常，人びとの行動，とくに消費行動を左右させることや，ある対象に人びとを誘発させるような性格を有するものとなっている。したがって，大衆操作は，強制的・暴力的な手段によるものではなく，ほとんど言語やシンボルなどの操作を駆使して，まとまりを欠いた状態の受け手である大衆の内に入り込んでいく。場合によって，大衆操作は非合理性・情動性を一定の方向に位置づけることにもなる。いずれにしろこれも強制なき同調へと導くスタイルに変わりはない。

第5節　説得的コミュニケーションと広告

1　消費社会と広告の誕生

(1) 消費社会と消費文化

社会が高度に成長すると，人間生活にもそれに沿ったスタイルが採り入れられるようになる。多くの品物を生産するよりもそれを消費する状態が優位となる。商品つまりモノの価値や機能よりも，それに付加された要因が他の商品との差別化となり，優遇されたと思う商品を消費者は選択する。それが消費社会である。

人間生活が豊かになることで関心は、財とサービスに向けられる。消費を通じて表出化するライフ・スタイルは、その社会を区別する主要な基準の1つとなっている。日常、マス・メディアの提供する各種の情報は、つねに新しいイメージを形成し、人びとはそれに適応可能な環境実現を求めている。そうした環境から生まれるのが消費文化であり、消費文化を象徴する媒体が広告である。
　広告の最大の役割は、送り手側が受け手である消費者の行動をコントロールすることにある。広告の社会的な機能としては、特定の商品をいかに大量に売ることができるかにある。つまり広告は受け手である消費者の消費活動をある程度制御する1つの試みである。

(2) 消費行動と広告
　消費文化は消費行動をともなう。消費行動とは、人びとがさまざまな商品やサービスを購入し、それらを消費し消耗する行動である。人びとは日常生活で個々人の生活プランを立て、それに見合った行動をする。消費行動での判断材料になるのは、消費者が関心を示す対象商品をインフォメーションする広告そのものである。
　消費者はつねに独自の購買力をもっている。ライフ・スタイルに必要最低限の商品を備えたものから、個人の嗜好に合わせたより高い消費行動の拡大に果たす広告の役割は強大である。したがって、広告の発達は消費行動の発達をより促していることになる。

2　説得的コミュニケーションと広告

(1) 広告の意味
　それでは消費社会の消費行動に果たす役割の強い広告の意味を考えたい。説得的コミュニケーションとしての広告は、「マーケターである送り手側が、消費者である受け手の意見や態度、そして行動を送り手側の意図する方向に作用させるもの」である。一般に商品やサービスを生産または提供する側は、その商品と生産者の存在を告知する必要がある。そこで何らかのコミュニケーション手段を駆使し、その内容を知らせ、それに対する人びとの態度を送り手に有

第5章　ジャーナリズムと説得的コミュニケーション

利に運ばせる。まさにそれが生産者側の商品の販売促進を試みる説得的コミュニケーション活動となる。

(2) 広告の機能

つぎに広告を機能の面から追っていきたい。まず消費行動そのものには，消費者の先有傾向にもとづく選択的受容が存在している。マス・メディアの説得的コミュニケーションは，受け手の既存の態度を反対の方向に改変させることはなかなか困難であり，逆にその多くは既存の態度をより強化する方向に動いてしまう。これでは説得的という機能は発揮されないことになる。

そこで広告には，消費者の消費意欲高揚をめざすことが義務づけられる。営利を追求する目的を掲げる資本主義社会では，商品を送り出そうとする側である生産者は，商品やサービスの存在を多彩なコミュニケーションを用いて，その内容を消費者に認知させることに全力を注いでいる。広告はこのような消費社会において，商品や生産者側の意向をある種の方法を通じて受け手に伝える説得的コミュニケーションであるといえる。

さらに広告はイメージ高揚の機能をもつ。今日の広告は単に印刷物を各個人や各家庭に配達するものや，マス・メディアから流されるものだけではない。広告内容を前面に出しながら，各種のイベントなどに協賛したり，ビジュアル的に訴えたりするイメージ戦略を駆使した方法によってより効果を高めようとする多彩なものが増えている。広告は商品やサービス内容を消費者や該当者に知らしめる役割をもつとともに，それは消費意欲を促進する機能をともなっている。今日では企業などの組織が生産する商品や価格などの情報のアナウンスメント，イメージ高揚のための努力の数々は広範囲にわたっている。

(3) 広告の本質

通常広告とは，ある一定のモノを認知させ，仲介し，説明したりするための宣伝意図のような存在である。ここに示した宣伝意図というと，主にマス・メディアによって遂行されるコンテンツが目立っているに過ぎない。本来，マス・メディアの意味は大衆における伝達である。

ところが広告は単に情報を伝達する媒体ではないという特殊な事情によると

ころがある。広告は受け手の評価を必要としている。通常呼ばれているマスコミ4媒体に、広告が含まれていないことに留意すべきである[5]。これは広告の分類基準から考えられる。広告はマス・メディアのような物質的基準ではない。広告は、宣伝意図というかなり抽象的な精神性に関するものだからである。ある意味ほとんどの事象が広告になる可能性をもっていることにもなる。ちまたには広告として機能するものが多いことから、内容に応じて制限のかかる対象物が多いのも事実である。

第6節　広告の分類と分析

1　目的別の広告

(1) 意見広告

まず意見広告（opinion advertising）がある。意見広告とは、各種の団体や組織、企業から公共団体、政党、クラブ・サークルなどが、特定の問題の争点や送る側のもつ理念や信念、考えなどの意見を、マス・メディアを通じて有料でメッセージを発することである。営利的な目的をもつ商業広告とは異なり、送り手の理念や主張に同調する支持を得ようとする性格の説得的コミュニケーションの1つである。

また意見広告はアクセス権の1つとして類型づけられてもいる[6]。意見広告を広義に解釈すれば、商品広告と対比される非商品広告を意味するが、狭義では、広告主の主義・主張などを広告という形式で宣伝するものということにもなる。これはマス・メディアが広告主に開放している広告欄ないしは広告時間を買い取る方法であるが、広告はその掲載・放送に対価が支払われるものであるところから、純粋な言論とは区別されるのが普通である。

(2) 比較広告

つぎに比較広告（comparative advertising）がある。比較広告とは、商品の競合する他社の商品をターゲットに、自社製品の優秀性・優位性を消費社会に訴えるものである。自社商品のPRのために競合他社製品を登場させ、比較する

手法を使った広告である。

　比較広告を細分化すると，1つ目は競合するライバル他社の商品を露骨に批判する「ノッキング・コピー」(knocking copy)。2つ目は競合ライバル相手の商品の優れた面を認知しながら，自社商品のさらなる優秀性を説く，「アクセプテッド・ペアリング」(accepted pairing)がある。

　比較広告は主にアメリカを中心に発展してきたが，近年日本においても登場した。1991年3月から放映された日本ペプシコーラが日本コカ・コーラに対しておこなった「挑戦CM」は，日本初の本格的挑戦CMとして注目された。アメリカでは，ペプシがコカ・コーラの比較広告を出すことは盛んであったが，日本では長くタブーとされていたために，逆にマスコミの反響をあおる戦略でもあった。このCMの反響は大きく，在京の民放キー局5社がペプシコーラのテレビCMを中止にした。

　放映中止の理由は，業界秩序を乱すことがあげられた。それに対し，日本ペプシコーラは，5月に独占禁止法を理由に，公正取引委員会に妨害排除を申し立てた。テレビCMが使えず，新聞広告にその内容を掲載続けた。今度は日本コカ・コーラが，日本ペプシコーラの比較広告自体が景品表示法違反だとする報告書を，公正取引委員会に提出した。これらを受けた公正取引委員会は，両社に対して一切の行政処分おこなわなかった。ただ，公正取引委員会は，望ましい比較広告は，同種の商品の品質や取引条件についての特徴を適切に比較し得るための具体的情報を提供するものと見解を表明した。[7]

　日本では，国民性や地域性なども絡み，ノッキング・コピーに対する消費者側の好感度は複雑であり，商品の売り上げに直結するとはいいがたい。

(3) コマーシャル・メッセージ

　認知度の高いのにコマーシャル・メッセージ(commercial message)，通称CMがある。一般にCMは，電波メディアであるテレビ放送を中心として，それを経済的側面で支えるための広告放送であり，その内容や画面を指している。とくにCMは，大衆文化を背景とした人びとのライフ・スタイルのなかでテレビ番組と同じように浸透している。しかしいまでは，過剰な商業主義批判やCM批評も盛んにおこなわれるようになり，CMはかなり身近なものと

して人びとの関心を惹いている。

　またCMからは消費文化の形成をみることもできる。人びとの生活が安定し豊かになることで，多くの人びとの関心は財やサービスの消費に向けられ，消費を通じて社会的な階層や生活様式の基準が計られるようになった。メディアやエンターテインメントを象徴する消費文化を支える上で，CMの存在は欠かすことができない。

2　広告の分析

(1) 広告が浸透する過程

　それでは広告が消費者に浸透する過程を考えてみたい。最初に，広告と密接な関係をもつマーケティングを取り上げながらその過程を追ってみたい。

　①マーケティング

　マーケティングとは，財とサービスに関係するすべての流通過程を，生産者また流通機構で管理する企業経営の組織的活動，あるいは企業活動をいう。一般社会に積極的にマーケティングが登場した背景には，戦後社会で顕著にみられるようになった大量生産と大量消費にみる消費活動のメカニズムをスムーズに回転させるという理由づけがあった。マーケティングはあらゆる手段を用いて，いつしか消費者の欲求を満足させるように仕向けていく。マーケティングはマーケターの設定する経営的目標に，消費者の欲求を喚起させながら管理されるようになった。

　マーケティングを機能的に考えるならば，第1に製品計画，第2に販売促進，第3に広告・宣伝，第4に市場調査，第5に物的流通など，あらゆるマーケティング活動に関連する部門機能を有機的に統合した総合機能を意味している。その考え方の根底には，消費者の欲望と必要を察知しこれを満たすことによって初めて企業の存続，繁栄も可能であるとする消費者志向の思想が流れている。その意味で従来の販売思想に，視野の上でも，質の上でも革命的な変化をもたらした考え方ということができる。
(8)

　②アイドマの法則

　そうした現状のなかで広告が消費者に浸透する過程を説明したのが有名な

「アイドマの法則（AIDMA's rule）」である。この法則は消費者の購買心理の過程において広告を制作する基本原理である。マーケティングのプロセスを意味している。

　アイドマの法則とは，最初に「A（attention）注目」することである。マーケターが送った商品の存在を知ってもらうために消費者へ注意を惹かせる。つぎに「I（interest）興味」であり，その商品への関心を抱かせる。そして「D（desire）欲望」であり，提示された商品を入手したいという欲求を受け手に植えつける。さらに「M（memory）記憶」であり，その商品が消費者の頭から離れないように仕向ける。最後は「A（action）行為」であり，消費者を購買行動そのものに向かわせる。

　アイドマとは以上の頭文字をとって名づけられた。この浸透過程を実現させるために企業は，マーケティング・リサーチなどの市場調査を実施し，消費者の購買行動などの詳細な動向を正確にとらえるための企業活動に努力を重ねている。アイドマの法則は，マス・コミュニケーションの受容過程における心理的プロセスに共通する考えでもあり，説得的コミュニケーションの基本をみることができる。

(2) 広告分析の目的と方法

　広告は説得的コミュニケーションとしての意味をもつことがもっとも重要である。つぎに広告を用いたコミュニケーション活動である。その広告は送り手側の企業・組織などにとって，どのような目的をもっているかを知り，理解することが必要である。そして広告によって送り手は，受け手側にどのような効果をもたらしたいのかその効果分析である。さらにその広告によって受け手は，どのような影響を受けたのかをつかむことである。最後にその結果として，当初の送り手の目的は達せられたかである。広告を総括的みればその目的と方法に集約することができる。

3 広告の類似概念

(1) 広　報

　広告と呼ばれるものには他にもいくつかの類似概念が存在している。その一つは広報（publicity）である。広報は主に，行政機関や公共団体，一般企業，個人などがその組織の方針や制度，見解，活動を人びとに伝達して，理解・強力を求めるための努力のかたちである。

　広報には，その組織体が好感的な態度で多くの人びとに受け入れてもらえるような意味も含まれている。通常は，公共機関の広報と認識されていることが多い。最近では公共団体に限らず，地域サークルやコミュニティ機関が自分たちの活動を積極的に地元住民にアピールするために広報活動は進められている。広報活動によって幅広いネットワークも生まれている。広報は住みよい環境つくりにも一役買っている。

　広報が公共団体から一般個人まで広く浸透した背景には，広報を発行するハード面の充実も忘れてはならない。とくに印刷技術の媒体として，（パソコン・プリンタ，デジタルカメラなど）の普及・発達は，個人の私的な集まりで威力を発揮している。結果的に，専門業者に負けない情報誌を発行している団体が増加している様子をみることができる。

(2) パブリシティ

　パブリシティ（publicity）とは一般に，企業・学校・公共団体などの組織体が，その活動や製品，サービス内容などを自己へ有利に報道してもらうことを目的としている。その手段として，マス・メディアなどの取材活動に積極的に協力するスタイルをとり，無料で情報を提供する。当然，メディア側もその情報を社会的に有益と判断して紹介・報道する。

　このパブリシティは広報と同義語的に用いられる場合が多い。日本語では主に広報を意味する。

(3) パブリック・リレーションズ

　通常，パブリック・リレーションズ（public relations）はPRと呼ばれている。

PR も広報と同義語的に使用される頻度が高い。

　パブリック・リレーションズ，つまり PR 活動は，個人や集団などのあいだで生じる利害関係や競合などの問題をスムーズに解決するために，それぞれの関係者が自己の立場を明確にして，各人の主張に支持を得るための表現活動の全体を意味している。

　PR も広報と同じく，これまで行政主導であったものの，今日では民間企業で積極的に使われることが多くなった。どの組織でも自己のイメージ高揚の動きとして PR 活動は重視されている。

(4) PR・パブリシティ

　ここで「パブリシティ」と「PR」そして「パブリック・リレーションズ」の意味について補足しておきたい。

　アメリカで PR といえば，プロポーショナル・リプレゼンテーション (proportional representation) つまり比例代表制のことをいう。日本語にある PR は，パブリック・リレーションズ，一般に広報を指している。パブリック・リレーションズという表現からよみとれるように，PR は単なる商品宣伝の技術ではなく，「大衆説得または大衆動員の技術」ともいわれていた。[9]

　マスコミ研究においては，PR という言葉は通常日本語であり，国際的には通用しないものであった。

　ジャーナリズムの世界における説得的コミュニケーションは多彩で，いかに重要視されているかを正確に認識すべきである。とくに，現代社会におけるジャーナリズムの報道姿勢には，一見たわいのないスタイルをとりながらも，そこに潜在的にある誘導的な内容に，いかにコンテンツをよみとるか，説得的コミュニケーションの構造と機能を理解することは，マス・コミュニケーション全体の理解にも通じるものがある。

注
(1) Tarde, G., 1901, *L'Opinion et la Foule*, Alcan.（稲葉三千男訳『世論と群衆』未来社，1964年，12頁）

第Ⅱ部　ジャーナリズム編

(2) Merton, R.K., 1946, *Mass Persuasion : The Social Psychology of a War Bond Drive,* Harper & Brothers Publishers.（柳井道夫訳，『大衆説得——マス・コミュニケーションの社会心理学』桜楓社，1970年，3頁）
(3) 同上訳書，4-17頁。
(4) 同上訳書，17頁。
(5) 後藤将之，1999年，『マス・メディア論』有斐閣，196頁。
(6) 堀部政男，1978年，『アクセス権とは何か』岩波書店，162頁。
(7) 「世界を魅了する清涼飲料水①——コカ・コーラVSペプシ」「産経新聞，2003年6月10日付東京版朝刊」参照。
(8) 城戸又一編集代表，1974年，『講座　現代ジャーナリズムⅤ——広告・大衆社会』時事通信社，53-54頁。
(9) 同上書，112-113頁。

参考文献
W・リップマン，掛川トミ子訳，1987年，『世論』岩波書店
R・K・マートン，柳井道夫訳，1970年，『大衆説得——マス・コミュニケーションの社会心理学』桜楓社
清水幾太郎編集，1955年，『マス・コミュニケーション講座2——マス・コミュニケーションと政治・経済』河出書房
城戸又一編集代表，1973年，『講座　現代ジャーナリズムⅤ——広告・大衆社会』時事通信社
城戸又一編集代表，1974年，『講座　現代ジャーナリズムⅥ——ジャーナリスト』時事通信社
内川芳美・新井直之編，1983年，『日本のジャーナリズム——大衆の心をつかんだか』有斐閣
千輪浩監修，1957年，『社会心理学』誠信書房
岡部慶三・竹内郁郎・飽戸弘編，1972年，『社会心理学』新曜社
池内一編，1977年，『講座　社会心理学3——集合現象』東京大学出版会
後藤将之，1999年，『マス・メディア論』有斐閣
堀部政男，1978年，『アクセス権と何か』岩波書店

第Ⅲ部
情報社会編

第6章
マス・コミュニケーションと情報社会

第1節　情報社会の社会学的基礎

1　情報の概念化

(1) 日常化する情報という用語

　情報という用語が日常化され，今日，その意味を問うことはなくなった。マスコミ同様，1950年代の映画にも情報とか情報社会という用語は登場する。確かに情報という用語は，社会のあらゆる場面にあらわれながら，人間生活に密接にかかわっている。マスコミやメディアと並び，情報と表現すれば近代から現代という社会状況を説明するのにもっとも適した意味をもち，つねに社会の中心に位置してきた用語であるといえよう。

　しかし情報という用語が複数の領域で用いられ，情報本来の意味から離れた状況を形成しているのも確かである。人びとはこの情報という用語の意味解釈や使用するカテゴリー，同時に情報そのものの概念を正確に理解しているのであろうか。その現実を考えるとかなり曖昧なままで情報は一般化されてきたように思う。情報という用語は社会をシンボライズする意味だけに，情報本来の意味をあらためて整理しながら，今日的な概念に沿って考えてみたい。

(2) 情報の意味

　最初に日常化している情報という用語を正確に概念化しておきたい。ここでは情報を，「その時々の直面した状況において，個人が対応（意思決定や判断など）するために必要な知識」と規定する。それは情報社会の特質として指摘さ

第6章 マス・コミュニケーションと情報社会

れている情報の高度な発達による情報の価値の高まり，それが大多数の人びとに強い影響をおよぼしている社会構造に関連しているからである。つまり，複雑な社会状況で人びとが的確な判断をするには，正確な情報受容は最重要課題である。正確に情報をキャッチし取り込むことで，情報は知識へと展開される。

ここでいう知識とは，「個人があらゆる領域や直面した問題に対応するために理解している内容」である。知識は個人が1つの対象に対して的確な判断をするために不可欠なものである。この点から情報という概念は知識と密接な相互関係をもっている。この情報と知識という概念を探ることは，今日多様に用いられる情報の意味理解，さらに情報社会そのものの意味を社会学的にとらえる格好のパースペクティヴになると考えられる。

2 情報は自然科学が源流

(1) 自然科学と情報

情報の正確な理解，情報社会の概念化を果たすためには情報という用語の源流をたどってみる。情報は自然科学におけるコミュニケーション理論としての位置づけをもつ。その源流は，通信技術の3大発明にある。J・グーテンベルグの活版印刷，S・モースによる通信の発明，そしてA・ベルの電話の発明からはじまっている。

この3大発明から，通信は郵便・電信・電話をメディアとして，遠隔地間でなされる情報伝達で通信の3事業となる。電信と電話は電気通信として一括され，通信工学を成立させることになり，この分野での通信理論および情報科学が生まれることになった。

(2) サイバネティックス

情報の意味は本来，自然科学ないし理工学の分野を中心に発達し，形成されてきた。それを統一的にあつかう科学として提唱したのがサイバネティックス（cybernetics）の創始者であるN・ウィーナーである。

ウィーナーの著書『サイバネティックス』（1961年）の副題には，「動物と機械におけるコントロールとコミュニケーション」とある[1]。人間および機械にお

123

ける制御と通信をあつかう総合科学という位置におかれていることから情報の源流を探るには不可欠な研究成果である。サイバネティックスの論点は，制御とコミュニケーションが，自然により形成された有機体システムである動物と，人間が形成した物理システムである機械とが共通にもっているメカニズムを解明しようとすることにある。

　制御とコミュニケーションを可能にするのは情報であること。動物有機体としての人間も，人体は発熱体であるが外気の温度が変化した時には，自律神経を通じて情報が脳にコミュニケートされる。そして表層の血管を収縮または拡大し，発汗を止めたり促進したりする指令が発せられ，体温は一定範囲内にコントロールされる。機械と有機体のメカニズム分析にはコミュニケーションと制御の理論が必要であり，それが情報の問題だとする。ウィーナーは，自動制御や通信理論，情報処理理論を独自に開拓した。サイバネティックスのみならず，数学の権威としてもあまりにも有名である。

　サイバネティックスではこれまで自然科学にみられた物理現象中心から生物現象，そして社会現象を総括する科学の方式を提起したことにはじまっている。この成果は，コンピュータの出現でピークに達し，今日のデジタル制御の領域にも威力を発揮している。

(3) 情報理論

　通信に関する理論を数学的に定式化したのは C・E・シャノンである。シャノンは，1963年の論文「情報理論」(Information Theory) において，情報の視点を社会科学に浸透させる要因を示した。[2] 本来，情報通信を数学的に論じるものであった情報理論のあらたな進化である。コミュニケーションモデルを構築する上で，シャノンが提起したコミュニケーション・システムを情報源や送信器，通信路，雑音源，さらに受信機などの個別的な要因においてモデル化をおこなうなど，応用数学の分野をコミュニケーション理論に応用した成果は，情報そのものの考え方を社会科学に深化させる大きな要因となった。シャノンのコミュニケーション・システムの過程は，コミュニケーションの概念の１つとして用いられている。

第❻章 マス・コミュニケーションと情報社会

3 自然科学における情報概念

(1) 自然科学のなかで形成された情報という概念の分類

自然科学から発した情報という概念を理解するために富永健一の論述を参照したい。[3]

第1は有機システムによる情報である。情報を物理量としてのサーモスタットの指令などにみられる。

第2は有機体システムによる情報である。これは人体に自律神経系の指令などにみられる。

第3はシグナル情報である。これは自然過程における情報で，伝達される意味内容が物理的・電気的生物的に決定されている情報にみられる。

第4は行為システムによる情報である。これは天気予報など行為に対する各種のアドバイスなどにみられる。

第5はシンボル情報である。これは行為事象・社会事象として考えられた情報は，人間がその意味を文化的に取り決めた記号としてのシンボルなどの意味において定式化されることにみられる。

これらの意味から情報の伝達は，コミュニケーションという語で表示される。日本語でそれらには通信という語が当てられることが多い。天気予報がマス・メディアで報道されるのは，社会システムにおける情報であるが，自然事象に関する情報であるからやはり社会学的概念とは区別されなければならない。これは「自我」対「他者」の相互行為による主観と主観のあいだでの意味理解という行為的思考とはまったく別のものである。天気予報という事実そのものの伝達であることに留意しているからである。その時点での情報としての告知である。

(2) 情報の概念の正確性

日本の社会学ではつねに「情報」の語を用いることをトレンド化してきた。そのため社会学的な行為分析と，自然科学的な情報理論との違いを正確に整理することなしに「情報」，および「コミュニケーション」についての言説が並べられる傾向は，その用語の理解に混乱を助長させるだけである。コミュニ

ケーションの語を社会学的文脈において使うのなら，この語を相互行為理論のなかにきちんと位置づけて定義しなくてはならない。

　情報は，自然科学ないし理工学の分野を中心に発達し形成された概念とされてきた。それを統一的にあつかう科学としての道を開いたのがウィーナーとシャノンたちであった。したがって，情報の源流を考えれば最初に産業革命を前後とする工学系の理論に端を発し，自然科学の領域で多く用いられるようになった。社会科学においての情報は，1960年代にアメリカではじまった高度産業化段階において概念化され，今日にいたったといえよう。

第2節　情報化のステップ

1　情報化と情報社会

(1) 情報化のステップ

　社会の情報化，そしてその先にある情報社会の成立には，近代化とともに急速に高まってきた情報化のステップにある。そのステップには，①郵便，②電信・電話，③マス・コミュニケーション，④コンピュータという一連の流れがある。[4]

　実際，郵便制度のない時代では，個々人の伝達したい内容は文面にして飛脚や旅人に依頼するしか手立てはなかった。一般庶民の次元ではその手段にも困難を有した。それが郵便制度の確立，郵便局のネットワーク化を経ていまのスタイルが完成している。また，郵便と一緒に多くの人びとの生活レベルに入った電信・電話もいまや携帯移動可能なコミュニケーション・メディアの中心に位置し，生活の必需品となった。

　こうしたコミュニケーションの道具をより発展させたのがマス・コミュニケーションの存在であった。活字メディアから電波メディアへ，人間生活のあらゆる側面に浸透した最大の媒体であった。情報化あるいは情報社会という表現の確立も，このマス・コミュニケーションの高度な発展に担うところが大きい。

第6章　マス・コミュニケーションと情報社会

(2) 情報とコンピュータ

　人間生活の根底を変えようとしているのがコンピュータの発達である。コンピュータは，コミュニケーション・メディアの機能をもちながら，これまでマス・メディアとは，一線を画した性格をもつメディアとして考えられてきた。しかし今日のパソコン周辺機器の浸透で，その成果はコミュニケーション・ネットワークの上位に位置するメディアとなった。

　この周辺機器はコンピュータソフト面を指すが，コンピュータに不慣れな人びともその接続作業などのハードの部分は専門家の手に委ね，完成したソフトをリモコンなどの機器によって十分に使いこなし，生活・仕事・研究などに役立たせている。今日の情報機器はすべてコンピュータのネットワークを背景にしている。情報社会の概念がそのコンピュータ・メディアとの相互連関によって機能している理由がここにある。つまり情報社会は，情報媒体を中心とした情報化の進展した社会を象徴している。

2　情報の本質

(1) 情報とコミュニケーション

　コミュニケーションの成立にはシンボルとメディアを必要とした。コミュニケーションには，言語システムと非言語システムがある。非言語システムは音・身振り・造形・映像などである。

　コミュニケーション・メディアの1つに，双方向的なパーソナル・メディアの存在がある。音波は光波と電波があり，音波は声を伝える。電話は音を電波に変え，ファックスは光波を電波に変える。

　さらに一方向的なコミュニケーション・メディアにマス・メディアがある。これは印刷メディアとしての新聞・雑誌，電波メディアとしてのラジオやテレビがある。

　そしてコミュニケーションを伝達する道具として，磁気テープ・CD，DVD，フロッピーディスク，USBメモリー，SDカードなど多種類のメディアの著しい普及があった。コミュニケーションの進化は，それらの高度な情報機器によって支えられている。

(2) 情報の本質

　情報という概念を考えてみると，情報は，文化（システム）には入らない。文化システムは，認知的文化システムとしての，科学や技術や哲学・思想・宗教など。表出的文化システムは，文学や音楽・絵画などの芸術である。そして評価的文化システムとしての道徳や法などがある。つまり情報それ自体，この文化システムのなかに入らないのである。

　情報が文化に入らないのはなぜか，文化は長期にわたって接続可能であるという特性をもっている。ニュースは古くなると価値をもたない。長期にわたる接続可能性をもたない。情報のなかから恒久的価値のあるものが見出され，蓄積され，体系化されてはじめて情報は文化になる[5]。

　文化になった情報はもはや情報とは呼ばない。それは知識と呼ばれるものになる。情報は流れであり，知識はストックである。情報はそれ自体文化といえないにしても，それは知識に転化し得るものとして，文化に近く位置している。

3　情報は情報処理の機能をもち情報化へ

(1) 情報処理という機能

　情報の進化に不可欠なのが情報処理機能である。情報処理機能とは，データベースを作成し，これを保存し，そして高度な加工を施す。情報処理機能を具体的にたどってみるとつぎのように考えられる[6]。

　第1に「情報の収集」である。これはニュースの生産に関している。情報の収集は，小規模であるなら個人でもできるが，大規模で国際的レベルでの情報を大量に収集してニュースを生産することができるのは，新聞社やテレビ局のようなマスコミ機関に限られる。マスコミ機関のもつ高度の能力は，情報収集能力である。

　第2に「情報の伝達」である。これはニュースのコミュニケーションにかかわる。パーソナル・コミュニケーションからマス・コミュニケーションという過程，それにコンピュータ・ネットワークの登場は，パーソナル・コミュニケーションに入り込んだ。そしてマス・コミュニケーションの世界への浸透も図っている。ここでは，マス・メディアとコンピュータ・メディア各自がもつ

高度の情報伝達能力である。
　第3に「情報の処理」である。これはデータの分析加工にかかわる。小規模なデータ分析加工は人間の頭脳で可能だった。それに対し，コンピュータは定型化された大量のデータの高速処理に関して，人間の頭脳と比較にならない高度の情報能力を発揮するようになった。

(2) 情報化から情報社会への道

　富永健一の指摘では，一般化された情報化とは，1つの社会が全体としてもっている「情報収集能力」，「情報伝達能力」，および「情報処理能力」が飛躍的に高まることを示す。情報は単なるニュースではなく，それを記録し，蓄積し，加工し，推論した内容を伝達処理する過程にこそ，真価を発揮する。その結果の先にあるものが，情報化の進んだ社会である情報社会の誕生だった。

第3節　情報社会の概念化

1　情報社会

(1) 情報社会の誕生する背景

　情報社会の誕生には2段階の技術革新が大きな要因となった。近代産業社会による産業化の技術的側面である新聞や雑誌のような活字・印刷媒体。テレビ・ラジオを中心とした電磁波・電波媒体の発明技術である。この2段階の技術革新過程は，情報の生産と伝達における成長を実現させることになった。
　さらにコンピュータの発明，マイクロ・エレクトロニクス革命から電子工学（エレクトロニクス）などにみる技術革新は，今日の情報を媒体としたコミュニケーション・ネットワーク社会を形成させるにいたった。
　情報社会というものは，これらの技術革新によって可能となったコンピュータにニュー・メディア（パソコンの周辺機器の応用など）を人びとが日常生活に導入し，実用化するにいたった社会である。コンピュータが日常生活に入り，人間生活の利便性に一翼を担った結果，生じた状況それが情報社会を形成する背景となった。

(2) 情報社会の意味

あらためて情報社会を,「コンピュータが各種のメディアとネットワーク化しながら相互連関した結果,日常生活のなかで情報が多方面に伝達・受容が進んだ社会」と定義したい。

情報という概念が社会学的に多く取り上げられるようになったバックグランドには,コンピュータを媒体とする利便性を追究する生活世界としての社会がある。それが情報を中心とした社会という言い回しでマスコミにおいて頻繁に流された。

社会のあらゆる現象を情報社会の結果などと結びつけることにより,情報社会という表現は,便利な最新の事象を示すといった帰属処理的な機能によって使い続けられている。しかし,それでは情報社会という用語がいつになっても曖昧なままで独り歩きし,都合よく使用され,本来の社会学的な意味解釈をなさないままになってしまう。そこでもう一度,情報という用語同様に,情報社会が定式化される過程を追いながら,社会学における情報社会の意味を考えてみたい。

2 情報社会という概念の定式化

(1) 情報社会と脱工業化社会論

社会科学の領域で情報という用語が注目されたのは,1973年,D・ベルによる『脱工業化社会の到来』(*The Coming of Post-Industrial Society*) によってである。ベルによると,産業化過程における工業優位のつぎに来る段階を「情報社会」(information society) と規定し,副次的に「知識社会」(knowledge society) という表現を用いた。[7]

そもそも「脱工業化社会」という名称は,18世紀後半の産業革命以降,先進諸国が到達した科学技術の高度な進歩,数多くの技術革新,急激な経済成長,産業構造の変化,都市化・高学歴化などによる生活レベルの変化にみる新しい局面を表示する意味をもって登場した。

(2) 脱工業化社会の条件

ベルは，この名称を用いる基準として3つの条件をあげた。

第1はサービス経済の優位する社会である。この社会は，その国の産業構造における第1次産業および第2次産業の比重に対して，第3次産業の従事者が50％を越す状況の社会である。

第2は専門的・技術的職業の優位する社会である。この社会は，科学者や専門職にたずさわる技術者のような高度の専門的・技術的訓練を必要とする職業従事者の増加を意味する。

第3は理論的知識の優位する社会を指している。この社会は，科学的知識の生産において大学や研究所という専門機関などによる基礎科学のキャリアを積んだ科学的知識をもつ人びとによって担われている制度の存在である。つまり，脱工業化社会とはポスト工業化社会の実質的な中身を積極的に規定した名称で，工業優位のあとにくるものは情報優位であることを示している。

ベルによって，ポスト工業社会の実質を知識社会と規定したことを受けて，はじめて情報社会論が展開されることになった。それがいまでは社会学のみならず，多方面で用いられている情報社会という概念につながっている。情報化の進展，そして情報社会の成立を考える上で，ベルの脱工業化社会論の理解は不可欠である。情報の概念化にあたって，知識の存在を重視したのも，知識社会の成立があっての情報社会の有効性に着目したからである。

第4節　情報社会のシステム問題

1　情報社会の現状

(1) コミュニケーション・メディアの急激な発展

情報社会の特質として，コミュニケーション・メディアの急激な発展をみることができる。ここでいうコミュニケーション・メディアとは，テレビ・ラジオ，一般電話のような一部成人した人びとが中心となって利用されてきた媒体物から，利便性の走りであるポケベル，PHS・携帯電話，さらにインターネットや電子メール，デジタルモバイルやSNSツールなどのように広く普及し，

それがコミュニケーション媒体の中心に位置していることを意味する。
　いま，コミュニケーション・メディアによるネットワークの拡大は，それを使用する人びとの増加と，急用や緊急事態，災害用からビジネスや研究（企画・情報処理，調査分析など），そして趣味，余暇にかかわる広い領域で応用され多大な効果をあげている。
　反面こうしたメディアの普及にみられるのは都合よさである。つまり不要な人間関係の回避や人間関係の不得意とする人たちにとっては実に便利な道具として利用範囲を広げることにもなった。

(2) 情報社会のあらたな功罪
　確かにこの媒体は，日常的に多忙な人びとの送受信には便利なものである。しかしそれが急速に浸透することによって社会に予期せぬ問題を生み出してしまった。これは密室でネットを媒体とした各種の犯罪や逸脱行為などで，メディアをめぐる新規なシステム問題として出現した。
　コミュニケーション・メディアの利便性は，日常のいたるところで見受けられるが，その功罪についてはあらたな課題も多く噴出している。

2　情報社会の予期せぬ問題

(1) 情報社会の逆機能
　コミュニケーション・メディアの機能が当初の予想を超えたことは，コミュニケーション・ネットワークの側面に，匿名性による問題をかかえる環境を発生させた。コミュニケーション・メディアを媒体として，送り手と受け手の相互に匿名性のもつ人びととの集まりの増加である。送信者と不特定多数の人びとのあいだに独り歩きした情報が出現した。その結果，その情報に対する発信者の責任は曖昧なまま推移することになった。
　また，インターネットのサイバー上における匿名性の増大は，これまでにはない犯罪を誘発させた。個人や集団・組織を攻撃したりする情報，違法な内容の情報が頻繁にネット上をかけめぐる。匿名性ゆえにこれまでの犯罪の領域を超越した事件の多発に，コミュニケーション・メディアの一部規制もなされた。

第6章 マス・コミュニケーションと情報社会

高度な機能をもつ媒体も，その逆機能によって情報社会特有のあらたなシステム問題を誘発させてしまった。

このあらたな問題は，ポケットベルのシグナルをシンボルとするネットワークの確立からはじまっていた。それまでのコミュニケーション・ネットワークは，一部のセールスを除けば双方にとってある一定の了解事項，つまり何らかの確認がとれる相互行為であった。それが「ベル友」（ポケベルのシグナルによる伝達によって結ばれた関係）と呼ばれる現象から，「メル友」（パソコンのインターネットを媒介とした交友関係）と呼ばれるパソコンサイトによる掲示板を駆使して出会ったネット上の関係など，多くの相互行為が成立している。

(2) 思考の欠如

さらに人間の思考面においての問題も危惧されるようになった。コンピュータの発達による思考の欠如である。パソコン画面に向かい合うということは，キーボードをたたきながらつぎつぎに本人の要求する情報へとアクセスを続けていく。ネット・サーフィンと呼ばれる行為の結果は，さまざまな情報に接近することで個人の要求する世界が広がっていく。時間もまたたくまに過ぎ去る。心地よい気持ちにも浸れる。しかしそれだけでは，思索の時間になるのはかなり困難で，思考する時間を失わせている事態に陥ってしまった。

とくにベルの指摘するような産業構造の変化による第3次産業の増加とサービス経済化の浸透である。その先にある製造業の衰退という国家的危機である。製造業が衰退するということは何をものがたっているか。そこにはただ情報を大量に生産しているだけの社会という危険が背中合わせになっている。

第5節　情報社会のゆくえ

1　情報と知識の相違

(1) コミュニケーション・メディアにおける情報と知識

情報社会のもう1つの論点が情報と知識の相違である。ベルによって提起された脱工業化社会論，情報社会という概念に対して抱かれてきた論点は，情報

社会は知識社会であり，人間の高度な知的創造力が発揮されるユートピアであるといった趣旨である。つまり情報社会は知識社会たりうるかという問題提起である。

現代のコミュニケーション・メディアの中心にある情報という概念は本来，自然科学における理工学系で用いられてきたものである。それに対し知識という概念は，認識哲学や知識社会学の流れに由来する人文・社会科学的なものと考えられてきた。そして知識は，17世紀～18世紀の初期近代化段階において，イギリス経験論のJ・ロックや，経験をすべての知識の源泉と考えるD・ヒュームによって概念化されてきたものである。

ところが自然科学以外で情報の用語が使われたのは，20世紀中頃の高度産業化段階における概念化によってからである。とすれば自然科学と社会科学のあいだでの情報概念の隔たりも存在する。それはまた情報と知識の概念の相違の存在も意味することになる。

(2) 情報と知識の相違

そこで情報と知識の相違点を検証してみる。

第1に情報は具体的な事実の生起についての伝達であって，受け手が直接体験し得ない事柄についての範囲を拡大してくれる経験の代用物である。

第2に情報は瞬間的であって反復されず，人間の内面的世界において蓄積されたり累積的に進歩したりすることはない。

第3に情報は不確実性を減らすために求められるものであり，いわば意思決定をより確実なものとする手段価値によって求められていることがあげられる。この点から知識の二重性として，知識の生産過程が人間の主観的内面世界での思索にかかわるということは，その産物としての知識が主観を超えた客観的存在であることを防げないし，また形成過程に客観的な要因が作用することを排除するものではない。つまり情報は道具であり，知識は単なる道具以上のものである。知識はそれ自体のために求められる。なぜなら，他者と知識のストックを共有することは，文化の共有として共通の生活世界を形成するのに役立つからで，情報の共有にはそのような効用はないと考えられる。[8]

第6章 マス・コミュニケーションと情報社会

2 情報は知識ではない

(1) 情報はニュースである

 それではあらためて情報とは何かと問われたら,「情報はニュースであり,その時々の時勢を明らかにするもの」と答える。情報は長期にわたりその価値を継続するものではない。それより情報のなかから価値の存続が可能なものが選択されてそれが集まり,体系化されることによってはじめて情報はストックされて文化となる。そして,情報とはその時点で生じたことの知らせであり,そのなかに人間の内面的な思索による解釈や推論などは含まれていない。情報にそうした人間の内面的な解釈的要素が加えられたとき,情報ははじめて文化になる。情報社会とはニュースとしての情報が大量に生産される社会であり,情報のコミュニケーション機能がコンピュータ技術によって高度に発達した社会である。

(2) 情報社会が知識社会とは限らない

 ここで考えなくてはならないのが,情報社会であるというだけで,高度に知識の発達した社会であるとは限らないし,文化の高度に発達した社会とも限らないということである。情報社会が情報における資源を生産する社会になるためにも,情報社会を高度に知識や文化の発達した社会にすることが重要になってくる。情報社会が知識社会となるためには,情報社会は必ずしも知識の生産に直結するとは限らない部分の多いことも認識する必要がある。
 特定企業のみならず,一般社会にも普及してきたインターネットによるビジネス環境。在宅勤務やネットによる運営会議,ビジネス領域における情報交換過程などをみた限りでは,情報環境がある程度知識の生産と結びついているようにも思われる。しかし実際,情報が知識の生産と結びつくのは,各種の統計データが専門領域に携わる研究における分析に用いられる応用される時か,またそうした専門研究者以外では,一般の人びとが何かの情報収集や趣味の世界,子どもの休暇中の課題に関する検索などに利用するような,比較的限定的な事例においてである。近年,一部にみられるようになった学生の研究発表やレポート作成におけるネット検索でのコピーをそのままプリントアウトすること

など，それが知識の生産なのかというと疑問も多々ある。

　こうした事例は情報社会の知識社会化にとって，コミュニケーション・メディアが有用な道具として，またそれらの媒体は情報処理や情報伝達をすばやくかつ大量におこなうことで知識の生産と普及に役立っていることを否定するものではないが，知識の生産という観点からみた場合の危惧する点である。

　歴史的過程をたどってみても，知識の生産そのものは個々人の主観的内面の世界で機能し，その正確な伝達は印刷技術の発明によってもたらされた書き言葉という伝統的コミュニケーションによって確立した。コンピュータ自体は知識をつくり出すのかという問題。テレビを中心とする電子通信機器は情報の大量伝達には大きな威力を発揮するが，知識の伝達にはどの程度役立っているのか，検証する必要もある。

　テレビなどの映像中心に育ち，コンピュータを活用したデジタル・メディア環境に慣れ親しんだ世代の情報機器操作は見事である。ただ自らものを考え，適切な人間関係を遂行するには苦手な世代であるとも言われている。そうした世代は，確かに優秀で情報処理能力にも長けていることに疑いはない。ゆえにベルの指摘でもある脱工業社会の制度的担い手である大学や研究機関に入っていく者が多くなった。

　しかしその流れから情報機器優先の大学や研究機関は，知識を生産する能力を失ってしまう恐れもある。パソコンソフトを用いたコンピュータ教育によってマニュアル化している状況。学生の知的動向を重視せず，その時勢に沿ったスタイルの教育課程による，今日の大学や研究機関が，基礎理論や基礎研究から離れて久しい。結果的に，実務とか応用現象に沿ったスタイルのみになっている現実を危惧してしまう。

3　情報社会から知識社会へ

(1) 情報収集は人間のコミュニケーション活動

　情報を中心とした日常生活は，基本的な人間のコミュニケーション活動である。それをコンピュータによって収集された情報をデータベースとして，情報の伝達と処理がなされる。知識は人間が収集した材料を人間の精神作用として

第6章 マス・コミュニケーションと情報社会

の認識によって主観のなかにインプットし，これを主観的内面のなかで思索を通じて，「加工し，解釈し，推論する」ことによって整序されたアウトプットである。

コンピュータによるデータ処理は，事前にコンピュータの読める言語で人間がプログラム化しそれをコンピュータに入力する。それに対し，人間の思索による知識の整序は，定型化されていない知識素材を人間が認識し，それらを主観的内面において，「加工し，解釈し，推論する」という創造的な過程を含んでいる。コンピュータを中心とした情報の膨大な生産が発達した社会を情報社会として評価するだけではなく，情報社会を人間の内面的な思考も含んだ社会にする必要があるといえよう。[10]

確かに情報社会を実現させたのはコンピュータ・テクノロジーの高度な発達である。しかし情報社会であるというだけでは高度に知識の発達した社会であるとは限らないし，文化の高度に発達した社会であるとも限らない。情報としてのニュースは時間の経過とともに新鮮さを失う。大量の情報を抱えても，それを活用しなくては，溢れ出し流出してしまう。有用なストックにはならない。

知識社会が有効に機能させ，高度化させるためには，情報社会において生み出される過剰なムダを排除するなどの環境整備の工夫が望まれる。情報社会の良さを最大限引き出すことによって，知識社会と呼ぶにふさわしい社会の到来となろう。

(2) 情報社会から知識社会へ

あらためて情報社会が知識社会になるためのプロセスを考える。

第1に情報のなかから恒久的価値のあるものを選び出し，それらを蓄積し，体系化する努力をマスコミや言論機関によってなされ，それを尊重する大多数の人びとの態度を形成することである。

第2に情報に人間の内面的な「加工・解釈・推論」などをつけ加え，情報を消費することに満足するのではなく，ものを考える人間になる努力がなされ，それを尊重する多くの人びとの態度が形成されることである。[11]

情報社会と呼ばれながら，利便性高いコンピュータ機器などを用いた情報の大量生産とそれをスマートにキャッチし操作するスタイルに満足している人び

との姿。しかしそれが必ずしも知識を生むものにはならない状況が潜んでいるという事実を認識しなくてはならない。情報社会に隠された知識社会本来の意味をここで見逃してはならない。

　送り手であるマスコミ機関によって恒久的な価値のあるものが選択され，体系化された情報を，受け手であるオーディエンスがそれを尊重した態度の確立を施すことの重要性である情報社会の価値は，その消費に満足することではないこと。情報によってもたらされたコンテンツを蓄積し，日常的に連続して活かすことこそ人間社会で必要とされることであろう。マス・コミュニケーションと情報社会の有効な関係は，人間社会の進化への貢献でもある。

注

(1) Wiener, N., 1961. *Cybernetics, Control and Communication in the Animal and the Machine,* MIT Press.（池原止丈夫・池永昌吉・室賀三郎・戸田巌訳『サイバネティックス 第2版』岩波書店，1962年）

(2) Shannon, C. E., 1963, Information Theory, *Encyclopedia British, Vol. 12.* pp. 350-353, Chicago, W. Benrton.
　　Shannon, C. E and Weaver, W., 1949, *The Mathematical Theory of Communication,* University of Illinois Press.（長谷川淳・井上光洋訳『コミュニケーションの数学的理論』明治図書，1969年）

(3) 富永健一，1987年，『社会構造と社会変動——近代化の理論』日本放送出版協会，303-304頁。

(4) 富永健一，1997年，『情報と環境の社会学——社会環境と文化環境』日科技連出版社，205-208頁。

(5) 同上書，204頁。

(6) 同上書，210頁。

(7) Bell, D., 1973, *The Coming of Post Industrial Society,* New York, Basic Books, p. 487.（内田忠夫・嘉治元郎・城塚登訳『脱工業化社会の到来（上下）』ダイヤモンド社，1975年）

(8) 富永健一（1987年），前掲書，308-309頁。

(9) 富永健一（1997年），前掲書，213頁。

(10) 同上書，214頁。

(11) 同上書，204頁。

参考文献

D・ベル，内田忠夫・嘉治元郎・城塚登訳，1975年，『脱工業化社会の到来（上下）』ダイヤモンド社

D・リップマン，掛川トミ子訳，1987年，『世論』岩波書店

G・ル・ボン，桜井成夫訳，1993年，『群集心理』講談社

D・リースマン，加藤秀俊訳，1964年，『孤独な群衆』みすず書房

富永健一，1987年，『社会構造と社会変動――近代化の理論』日本放送出版協会

富永健一，1997年，『情報と環境の社会学――社会環境と文化環境』日科技連出版社

富永健一，1986年，『社会学原理』岩波書店

内川芳美・岡部慶三・竹内郁郎・辻村明編，1973年，『講座　現代の社会とコミュニケーション1――基礎理論』東京大学出版会

第7章
マス・コミュニケーションネットワークと流言／うわさ

第1節　ネットワークとしての流言／うわさ

1　流言・うわさ

(1) 流言／うわさを考える

　多様なスタイルで広がるコミュニケーション・ネットワークでは，その内容や話題は豊富である。そんなネットワークのなかで個人間コミュニケーションにおけるパーソナルな部分を担っているのがくちコミュニケーション（くちコミ）である。くちコミによって拡散した象徴の1つに「流言／うわさ」（rumor）がある。

　流言とは，人から聞いて他人に話すという伝達・拡散の形式をもつコミュニケーション過程である。流言はつねに，事実無根・正体不明・出所不詳のニュースでありながら，あたかもありそうな内容と鮮明なイメージによって人びとのあいだに入り込み，拡散する情報の流れである。したがって，デマのように特定者に向けてダメージを与える目的で煽動された情報の流れとは異なる性格をもつ。

　最初に流言の特徴をふまえながら，「流言とうわさをしばらく並列して」論じていく。後ほど両者の違いを明らかにしてみたい。

(2) 流言の原形

　流言の原形は，一般にマス・メディアをとおし，受け手のサイドで2次的な拡散を生じさせる。流言は自然発生から拡散の過程で伝播者たちの嗜好に応じ

て内容が変形される。さらにマス・メディアにかかわる部分を除いては，発生から消滅まで，個人間コミュニケーションを基本にしながら発生・拡散・消滅の過程をみることができる。

近年，マス・メディアのネットワーク機能の進化と，個人間や集団間の環境の変貌などによって，流言の原形にみられる口伝に広がるというスタイルも変化を遂げている。流言のスタイルの変貌はコミュニケーション・ネットワークの変化でもあり，流言／うわさを媒介するコミュニケーション・メディアへの注目度も増している。

2 流言・うわさの類似概念

(1) 流言蜚語

社会学において流言を取り上げる場合，その類似概念の機能をもつ，無根拠のうわさとしての流言蜚語が代表とされてきた。清水幾太郎による『流言蜚語』から事例をみると，相手に対する敵意と恐怖を動機とするものが圧倒的である。もっとも多い「敵意を動機」とするものは全体の66％，つぎが「恐怖を動機」とするもので25％，残りはほとんど少ない「希望を動機」とするものが2％，「分類不能」が7％となっている。憎悪と恐怖はほとんどが外部的集団に対する感情のあらわれであった[1]。

また流言蜚語を特定する場合，明確に分類することは困難な面も多い。流言蜚語という言葉自身も，「風評」のようなよくないうわさとは異なっている。清水幾太郎も流言蜚語はもっと異常なスリルを感ぜしめるものととらえながら，社会生活において普通にあるものではなく，いわばある程度アブノーマルなものと指摘する[2]。

流言蜚語は，まったく無根拠なうわさ話だけというものではない。そこには多くの人びとを納得させるだけの真実らしさをもっていなければならない。環境の曖昧さと重要さに比例して流言の量は増えていったり，蔓延したりする。しかも曖昧さと重要さのどちらかゼロであるなら流言蜚語はありえない。

しかし，マス・コミュニケーションの力によってこれらの特徴が心理戦争に利用され，流言蜚語が自然発生的とは限らなくなっている。大震災や戦争以外

にも，マス・コミュニケーションが政治的な理由でその報道機能を十分に果たすことなく，言論の弾圧によって，大衆のコミュニケーションが妨げられる時などで，流言蜚語は発生するとも考えられていた。[3]

　古典的な見解では，流言蜚語と流言は同一の意味によって語られる場合も多い。しかし，その根拠のレベルと相手に対する影響度の強い場合は流言蜚語，比較的軽いものであれば流言として区分されるのが一般的であった。ただこの区分はあくまでも流言蜚語との比較においてである。現実に生じている流言は周囲に与える影響度はさらに強い。むしろ流言蜚語は，デマゴギーと重なる要素が強いと考えられる。

　(2) デマゴギー
　流言蜚語に近いものがデマゴギー（demagogy）である。日常的にはデマと呼ばれている。デマは政治的な目的を中心に，特定の個人・集団・人種，その他の勢力などを批判し，陥れる目的で，非好意的，捏造的な情報を流すことである。

　デマは敵とみなす相手への陰謀，秘密工作，悪意などを陰湿な方法で拡散させようとする。宣伝などの手段もその効果として，成功や利益への期待というより，まず当面狙いをつけている相手に政治的・社会的な痛手を与えることにある。デマゴギーを別に煽動と用いるのも，大衆を導いて相手にダメージを与える大衆操作的手段をとるからである。

　またデマの発生は，大多数の人びとが当該社会のなかで，社会不安に陥り，精神的にも危機的な状況下で生じる場合が多い。個人というよりも社会的な事件や問題が対象となる。そこに集う人びととの集合的な見解を集約しながら直接的・間接的に拡散していく。危機的状況とは，多数の人びとが社会的不安に陥る要件の備わっている社会状況に遭遇することにほかならない。

　(3) ゴシップ
　マス・メディアの芸能情報面にかかわる領域で頻繁に取り上げられるゴシップ（gossip）は，特定の個人やある事件について情報源が不明確なニュースの1つである。主にパーソナル・コミュニケーションを中心に広がっていく。

第**7**章 マス・コミュニケーションネットワークと流言／うわさ

　ゴシップは流言蜚語と異なり，それを伝達，交換する人びとはその個人や事件に関する出来事には関係してはいない。第三者的にもっぱらニュースを興味本位に語り合って井戸端会議の道具になっている。今日のワイドショー的ネタにある個人攻撃やプライバシーに入り込んだ報道などはゴシップの典型である。ゴシップが人びとに与える影響としてデマゴギーなどと異なる点は，特定の個人や芸能タレントがそれによって人気を獲得し，突然注目を浴びるようなプラス面もあることだ。その場合，その個人の周辺関係者がリークして仕かけることも多分にある。娯楽性を顕示するマス・メディア世界においては，その内容に直接かかわる側もあまり深刻にならないケースも多い。ゴシップの中身や影響の度合いにもよるが，流言蜚語やデマゴギーとは明らかに性格が異なることに注意しておく必要はある。

3　流言・うわさの分類

(1) G・W・オルポートによる分類

　1946年，社会心理学において注目された「流言」研究が，オルポートとL・ポストマンの，『デマの心理学』(*The Psychology of Rumor*) である。オルポートらは戦時における流言を分類しながらその性格を論じた。[4]

　最初に憎しみと反感を反映させるものとして「分裂／不満流言」をあげた。具体的には，反ユダヤ，反イギリス，反黒人，反軍隊（徴兵拒否・指導者の無能，汚職，不道徳，酷使）などである。不平と非難が入り交じり，理由は不明だが戦時中の流言として，海軍は，貨車3台分のコーヒーを，ニューヨーク港に投げ込んでしまったとか，陸軍は牛肉をムダにつかっているとか，ソビエトはアメリカのバターの大部分を受け取って，それを大砲の油差しに使っているとかががある。そこにあるのは危機にあたって欲求不満を経験している人たちが，不正な手段で欲求を十分に満足させている人たちの存在を流言の材料としていることである。ある事態，政策，偽政者，権力者などに対する不満を主たる動機とするもので，困難な事態に直面し，大衆にこの状況を改善する希望が皆無の時など，この流言は多くあらわれる。

　つぎに「恐怖流言」である。具体的には，軍隊関連の残虐行為，敵の秘密行

動，悪疫と流行り病，自殺，発狂，スパイ活動などである。現実に起きた恐ろしい事実が伝えられる。不安流言に近いが，直接的間接的を問わず特殊な経験的事実に接した場合の恐怖感が意識の基底となっている。

そして「願望流言」がある。たとえば，楽観主義によって安心した満足感を導くような，平和到来，終戦，戦争勝利などの朗報を聞いて気が緩むことなどである。この背景には現実の欲求不満を空想のうちに解消しようとする代償満足の要素が内在している。とくに極度に緊迫した事態における非現実的な，倒錯した願望を基底として成り立っている。むしろ何かにすがりたいという気持ちのあらわれでもある。

最後は「その他の流言」としての「不安流言」と「好奇流言」である。不安流言は，将来に対する不安の流言で，来るべき危険や脅威の予想としてあらわれる。具体的には，水不足，米不足，紙不足などで，特殊な対象をもたない不安感，期待される危険，起こるべき危機の予想にもとづく不安感を基底としている。好奇流言は，好奇心や見栄にもとづくもの，これを他人に伝えれば自分の威光が増すような場合などにみられる。自らへのフィードバックを狙ったものとして考えられる。

(2) オルポートとポストマンの実証研究

流言に関する古典的な実証研究として，デマの内容が伝達過程においてどのように変化していくかを検証したものがある。オルポートらの実験過程は，つぎの手順によっている。(5)

ある室内において，スライドの絵や写真を見ている人びとが，室外にいる第1の伝達相手をその室内に呼ぶ。つぎに第1の伝達相手にはスライドを見せないで，その内容についての話しだけをする。つづいてそれを聞いた第1の伝達相手は，その聞いた内容を今度は室外にいる第2の伝達相手に話す。このように順番に6〜7人の口伝を経て，最後の人にいたる。

この結果として，つぎのような聞き伝えのゆがみが生じたことがわかった。

① 「平均化」である。これは話の内容は伝達されていくうちに一定の限界に達するまで短くなる。最後は要約され平易になる。
② 「強調」である。スライドのなかのある部分，ある要素だけが選び出さ

れて強調されてくる。大きなもの、目立つもの、時事的なトピック。それに身近なシンボルの強化、完全化、合理化などである。
③ 「同化」である。これは伝達者がもっている知的、感情的な条件の影響の表出である。中心テーマへの同化、圧縮あるいは単純化、先入態度による意見などである。そして予期への同化、ことばへの同化、衣服の関心への同化（とくに女性の場合）、職業的関心への同化、自己関心への同化、偏見への同化などである。

個人間の伝達には、複数の人間が絡み、媒体なども加わることでその内容は異なった方向へと進む様子を示した研究成果である。情報の流れ研究や、情報内容の真偽を計る上でも評価される実証研究となった。

第2節　流言／うわさの構造

1　流言・うわさ発生の社会的背景

(1) 流言発生の前提

流言が発生する前提には、潜在的に進行している社会的危機や迫りくる異常事態の不安が、1つのインパルスになる。特殊で不自然な諸現象や一部の階層に予想される変化によって、既存の環境が揺らぐかもしれないという漠然とした不安感、恐怖心。または逆に期待や願望という意識などの社会的背景も絡んでいる。その発生には極めて心理的な要因が強い。

(2) 流言発生の特質

流言の発生は、話題がマス・メディアから伝達される場合ほどスピーディである。その内容は広範囲にわたり、それに対する人びとの疑いも少ない。基本的に流言の成立には、個人間における直接的コミュニケーションである口頭で伝え合う形式をとる。流言は閉鎖的な未確認情報を伝達し合っている。

流言の内容は根拠が確かで信用できる公的な性格のものより、根拠が曖昧で閉鎖的、私的な興味本位中心の話題が多い。流言はそれをキャッチする個人の意思決定にあたり必ずしも必要な情報ではない。もし流言が意思決定の根拠に

なるとすれば，受け手が異常事態に遭遇しているとか，流言の送り手側に（イメージ・印象）コントロールされている場合である。

　流言に直接かかわり相互にやりとりしている人びとは，流言の種類によって自分の利益にかかわる流言を流したり媒介したりすることもある。しかし多くの人びとにとっては，少しでも正確に事実を知りたいという情報欲求から，不透明な部分をはっきりさせようとする傾向がある。

2　流言・うわさの発生条件

(1) 流言発生の社会的条件
　第1に社会変動にかかわる危機的状況である。社会全体が戦争や革命などで既存の体制に亀裂が入り解体の危機にある時である。社会システムが不安定になり，構造的に経済や政治での矛盾が激しくなる。歴史的な経済恐慌やファシズムが発生した場合などである。それに社会構造上のさまざまな部分で生じた秩序の混乱や天災などの災害などにおいてである。社会的不安における個人の同調心理である。

　第2にマス・メディアの報道スタイルである。戦時中にあったような支配層による報道の統制，人びとに正確な報道が伝えられない時，国家権力による報道の検閲。政府の報道による不適正報道。公的な意見発表の制限と規制である。これも支配層による御用新聞や御用放送にみられた言論自由の制限などにおかれた状況下にみられる。

　今日では，災害などによる通信機関の障害による混乱や，報道が技術的に困難になった場合などにおいての情報錯乱である。長いあいだ，全幅の信頼をおいて参照しているメディアとの接触が不可能になった場合である。

　第3に社会的ネットワークの影響である。組織や集団内で不確実な内容の情報をある一定の方向へ操作する個人の存在と，それによる影響の流れである。いかにもありそうでそこで起きても何の疑いも抱かない内容や，当該人物にかかわる話題を，それらしく関係者に伝承することである。

　近年のSNSによる社会的ネットワークでの情報拡散は，あらたな流言の発生を促す環境を形成することにもなりかねない。とくに話題がゴシップ的要素

を含んでいる時など，真偽の確信のないまままたたく間に広がっていく。

(2) 流言発生の心理的条件

　清水幾太郎は，戦時中や政治情勢不安状況下における流言発生の心理学的な条件を指摘した。それに災害時などで社会が正常の機能を失っている状況下でも生じるとした。

　第1に，人びとがもつ一般的な欲求不満である。これは経済的な悪条件，政治的統制などから起こる物質的・精神的な不満である。今後の生活状態や水準をいかに維持すべきかをともなう不安である。

　第2に，人びとがもつ一般的な不安である。これは統制力を失った社会の遠い将来へ抱く不安と，近い将来に訪れるかもしれない食糧不足に関する不安である。体制が明確でない社会では個々人の未来がよめない不透明な不安である。

　第3に，人びとがもつ現実の恐怖である。これは身近にある暴力的不安や，飢え，傷害などでみられる恐怖の数々である。平常時ではない体制のなかで起こる不安である。基本的な生活の安定を求める要素が皆無になった時，それはピークを迎える。

(3) 流言発生を緩和させる過程

　こうした危機の社会的な条件と心理的な条件が複雑に絡み合った時に流言／うわさは発生する。つまり流言／うわさは，社会的危機のなかで正確な報道と自由な意見が十分におこなわれず認知できない時，多くの人びとのあいだに，不正確で信頼性のない情報が伝えられることになる。いずれの時も人びとは正常に物事を判断する意思が弱まっている。結果的にそこでの意思決定の判断材料におよぼした情報そのものが，流言／うわさの発端となる。

　流言による不安や恐怖をやわらげ，心理的安定を得るためにはその緩和過程を必要とする。人びとが抱く願望に時間の経過から得る希望的な観測，それが発展して肯定的な意識を求める。おかれている危機や脅威に対して，実践的な行動によって立ち上がり，抵抗を試み，その欲求は拡散される。

3 流言・うわさによる弊害

(1) 情報の麻酔的拡散現象

　流言はその話の中心部分が誇張された報道である。情報の麻酔的拡散現象は直接的コミュニケーションの次元を超えてしまっている。誇張された報道内容による情報過多は，個人的にも集団的にも社会病理学的な症状や現象を生じさせる。確かに冷静に判断できる状況であればそうした報道を客観的にキャッチはできる。これまで述べたように流言が発生している環境はそのような状況下にはない。

(2) 誤報から真偽不明のデマに発展

　流言という擬似内容がメディアの上でニュース化した時，それは誤報となればそれが訂正されればよいが，真偽不明のまま影響力だけを増殖すれば誤報はデマに発展する。そして受け手とする多くの人びとは，その担い手として巻き込まれながら，拡散過程において流言から大きなダメージを受け，独り歩きしていく。とくに個人のプライバシーにかかわることは重大な問題を引き起こすことにもなる。

(3) 人為的な災害の拡散

　社会的背景との関係で広義の流言／うわさは，実に危険な問題をもちすぎている。非常災害時の流言やデマが，マスコミの誤報との関係のなかで拡散する時，深刻なパニックが起こるのは不可避である。歴史的事実もさることながら，大震災をはじめとする災害時の人びとの暴徒化した混乱はあらゆる現場で目撃されている。
　また人為的な災害は何も非常災害時だけではない。平常時でも人的被害は起こり得ることを誤報やデマからよみとることも必要とされよう。パーソナル・メディア発達の昨今，個人から発信されるうわさ程度の情報でも，それをキャッチする人びとの解釈次第では，流言として人為的な災害に拡散されるのも容易な環境になっていることをあらためて考えるべきであろう。

第3節　流言／うわさ研究の多様性

1　都市伝説としての流言

(1) **都市伝説・フォークロア・伝承としての流言**

　流言／うわさ研究を分析する過程で，切り離せない対象に都市伝説がある。都市伝説とは，一般に民俗学者が注目しているきわめて現代的な「フォークロア・伝承」（folklore）である。これは民俗学者が伝統的に研究対象としてきた昔話や伝説ではない。誰もがいかにもありそうだと思える話を「都市で信じられる話」（urban belief tales），あるいはより簡潔に「都市伝説」（urban legends）と呼んだものである。

　都市伝説は，そこに住居している人びとにとって語り継がれ，批判的におもしろおかしく解釈されながらも，現実的な話として信じられてもいる。しかしそれを多くの人びとは検証したりすることはほとんどない。あくまでもフォークロアは都市伝説のなかの伝承である。結果的にその伝承がいつしか流言として人びとの世界に入り込むこともある。マス・メディアによって娯楽的に演出され，より神秘的に語られることも多い。

　アメリカの民俗学者 J・H・ブルンヴァンは，言葉や習慣によって人から人へと日常的に伝えられるものを「伝承」と呼んだ。そこにある知恵，知識，誰もが受け入れる行動様式に従うとき，自分自身のフォークロアのスタイルは気にしないという。それどころか，自分たちは他人が話す情報にはただ耳を傾けている。このように無意識のうちに伝えられてゆく口述の回路のなかで，1つのはっきりした話の筋を獲得してゆく情報を，「語りのフォークロア」（narrative folklore）と呼び，これは本当のことだと主張されるような話を「伝説」（legend）であるとする。

(2) **都市伝説としての流言**

　ブルンヴァンのいう都市伝説はあくまでフォークロアなのであって，事実としての歴史がそのまま語られているというわけではない。それでも口から口へ

と語られていく過程からいつしか流言に近いスタイルへと変化している様子をみることもできる。つまり都市伝説が、「フォーク・ナラティヴス」（口述の語り）の下位のクラスである伝説に属すると考える。それは、おとぎ話と違って、人びとが信じることのできるものである[8]。

　以下に、ブルンヴァンが取り上げた多数の都市伝説を追いながら、流言との関係を探ってみたい。

　最初にもっとも著名なものとしては、ヒッチハイクをしていた女性を乗せて、しばらくして後ろのシートをみたらその女性は消えていたという、道端の幽霊『消えるヒッチハイカー』がある。この内容に連鎖したのが「予言する乗客」「車の中の死人」などであった。これは自動車にまつわる古典的な都市伝説として名高い。これはアメリカのみならず日本をはじめ全世界でも類似した都市伝説が生まれている。

　つぎに、車をもちたいという欲望にまつわる話として注目されたのが、車のなかに死体が放ってあり、その臭いが消えず安く売られている、「死人の車」がある。同じように車に関しての都市伝説に「女たらしのポルシェ」がある。これは新車同様のポルシェが状態良好。50ドルで売りたしという広告が出る。どうしてこんなにポルシェが安いのか。広告主の女性が言うのは、夫が数日前に、秘書と2人で逃げた。夫の書き置きにはこの車と家を売ってその代金を送るようにいうことであった。これには妻が本当に自分の財産を誠実に処分してくれるのであろうか、それとも裏切られるのであろうか、男女のあいだにおける多様な考え方が浮き彫りになる。しかしこれは十分にありそうな話であり、ブルンヴァンいわく、実証できたら最初のフォークロアになるであろうとしている[9]。

　また多くの都市伝説が、知らないあいだに食べ物のなかに紛れ込んだものを題材にしているものも多い。それもファーストフード・チェーンを中心にしたお店のメニューにかかわっている。たとえば、フライドチキンならぬ「フライドラット」を出したファーストフード・チェーンを訴えた女性についての話である。内容はそこのお店で加工された食品のなかにネズミの身体の一部が発見されたという。このような何か変なものが食べ物のなかに紛れ込んでいるという、いわばリアリティに富んだうわさや伝説は、アメリカのフォークロアのな

第7章 マス・コミュニケーションネットワークと流言／うわさ

かでは馴染みのあるものだ。とくに発展しているものとして「ケンタッキー・フライドラット」がある。日本でも同様の都市伝説は時代を問わず多く発生しているのは記憶に新しい。

さらに本来いるはずのない場所での生き物のテーマもある。1960年代後半の話として、ニューヨークの下水溝のなかにワニがいるという。これは飼い主に飽きられたペットがトイレに流されたものらしい。いくつかの説明によれば、このペットはネズミを食べながらとてつもない大きさに成長したという。『下水溝のワニ』として有名な都市伝説となっている。

怖い話として、鉤手の男が人を襲うという、『ザ・フック』。ここから関連したのに「バックシートの殺人者」「ベビーシッターと二階の男」「オープンに入れられたペット」などがあり、怖い話で恐怖心をあおぐとともに、誰にでも起こり得ることと警告の意味も込められていた。[10]

そしてアメリカの新しい都市伝説として、犬が不審な侵入者をかみ切って、それがのどにつまった『のどをつまらせたドーベルマン』の話がある。これには複数のバージョンが登場し話題になった。その1つは、ラスベガスでの出来事である。ある婦人が仕事から戻ると、大きな飼犬のドーベルマンが床に横たわりあえいでいた。彼女はすぐにペットを車に乗せ、獣医の元へと向かった。獣医の診察では、呼吸困難の原因がわからず、犬が呼吸できるように手術をすることになった。飼主はいったん帰宅したあとのその夜、獣医から婦人に電話が入った。獣医はあわてた声で、「すぐ家から出るんだ！ 隣の家へ行って、警察を呼びなさい！」と叫んだ。獣医が手術をして原因を突き止めたら、なんと人間の指が3本犬ののどにつかえていたという。指を食いちぎられた不法侵入者がまだ家のなかにいるのではないかと案じて、獣医はその婦人に注意を呼びかけたのだった。しばらくして警官が彼女の家にやって来て、クロゼットで気を失って倒れている指のない侵入者を発見した。

さらにもう1つは、夫が夜ボーリングをして帰宅すると、飼犬のドーベルマンがベッドルームでのどをつまらせてもがき苦しんでおり、妻はひどく興奮していた。彼女を落ち着かせながら、床にひざまずくと、ベッドの下から血が流れてくるのに気づいた。ベッドの下をのぞくと、半裸の男がひどく出血している手をハンカチーフで押さえていた。妻は泣きながら、浮気をしていたことを

白状した。犬は明らかに2人の行為を女主人への攻撃だと誤解し，男の手を食いちぎって女主人の身を守ろうとしたのであった。これらの都市伝説にみられる一貫したテーマは，個人の家庭で起こった，男性と女性の異性問題が絡んだ対象や，住居侵入や暴力犯罪の脅威に対する最近の関心のすごさを如実に示しているという。[11]

最後に『メキシコから来たペット』とするバージョンには，滞在した国でみためずらしいペットを自国に連れてきたら，それがとてつもないドブネズミだった話や，国境を走る車のフロント部分に付着していたのが毒蛇という「蛇の缶」「毛布の中の蛇」などがある。[12]

2　社会構造と社会変動における流言・うわさ

(1) 天変地異や集団的災害の流言／うわさ

いわゆるパニック状況下での流言である。これらは災害が起こるなどと予言して生じることもあるが，実際，災害が起きた後に生じる流言も多い。それが災害以上の悲惨な結果を招いた例もある。

たとえば，ロサンゼルスに大地震が発生するという，「ロス大地震」。カリフォルニアで起きたノストラダムスの予言によるパニック，「ノストラダムス予言パニック」。日本で繰り返し語られる火山の大噴火，「富士山噴火，伊豆大島噴火」。伊豆沖海底火山の噴火によって引き起こされた津波パニック，「津波情報パニック」。明治期に起きたコレラの流行は医師と警察官の陰謀，「コレラ」。関東大震災時における朝鮮人に関する流言，朝鮮人が攻めてくる，朝鮮人が井戸に毒を入れた。朝鮮人が暴動を起こし，日本人がやられる，「関東大震災朝鮮人流言」などは古典的な域に入った流言となった。

(2) 時代性や世相に関する流言／うわさ

その時代や世相を特徴づける事象や，その時々の世間の注目を集めている事象に関する流言もある。これらは時代を象徴する事象を題材にしている点で共通している。

1つは「当たり屋」である。追突事故を装って示談金を巻き上げる当たり屋

が北上しているという流言。企業や学校などの組織に，当たり屋情報として該当する山口ナンバーのリストが掲載されたチラシが流された。しかしリストに掲載された山口ナンバーは実在しない。この背景にあるのが見えない恐怖であり，その心理がチラシの流布を促進させた。

よく語られるのに「ネコバーガー」がある。内容はファースト・フード店のハンバーガーのパテは猫の肉である。厨房の奥から猫の泣き声がしているという。ファーストフード・チェーンにかかわる流言である。

時代を象徴していたのが，「新元号」。昭和のつぎの新元号をめぐっての流言。世間を賑わした事件をテーマにした「怪人21面相」は，グリコ・森永事件の怪人21面相の逮捕にまつわる流言となった。

(3) 社会変動にかかわる流言

社会変動における流言もある。さまざまな革命や政治の混乱などの社会変動期において起きる流言の数々である。1989年の「中国天安門事件」は，暴動制圧による人民の虐殺や，中国革命が起こったなどの流言。「フィリピン革命（エドゥサ革命）」は，当時のフェルナンド・マルコス大統領が国外に退去したとかその行動の是非をめぐる内容であった。自然災害などの影響により「カリフォルニア米がなくなる」という流言。ベールに覆われた「北朝鮮」にまつわる流言は最近まで続いていた。

3　子どもたちの都市伝説

(1) 日本の子どもたちの都市伝説

日本独自の都市伝説として多数の事例が存在している。とくに，その流言の担い手が小学生から中学生の子どもである部分が興味深い。

1988年頃出没した「口裂け女」の話がある。この口裂け女は，耳元まで口の裂けた女が，通りすがりの人に，「わたし，キレイ？」とたずねた後，白いマスクをはずしニッと笑うものである。この流言は子どもたちから大人まで巻き込んで日本中に伝わり，いつの間にか消えていった。[13]

またアイドルやタレントに関する都市伝説になったのが，「レベッカ，オフ

コース，少年隊」にみる流言である。それぞれのタレントによって，録音されたレコードを聴くと聞こえないはずの声が聞こえるという内容。レコードのところどころに意味不明の音声が吹き込まれていて，それがただのノイズでないところがいかにも不気味であるという。「岡田有希子」という都市伝説の発端は，自殺したアイドルタレントの岡田有希子の霊が死後もテレビに出たという内容などがある。

(2) 都市伝説にみるコミュニケーション・ネットワーク性

「クリネックス・ティシュー」のたたり話がある。1985年4月から1986年9月までテレビで流されたこのCMは，白い寝巻き姿の松坂慶子と赤鬼の子どもが登場，伴奏なしの静かな歌声が流れるなか，赤鬼役の子どもがつぎつぎにBOXから引き出すティシューが空中を浮遊する。このCMがオンエアされた後，松坂慶子本人が病気になり，鬼役の子どもが死んだといううわさが中高生を中心に広がった。製造元にもオンエアされた翌月から電話による問い合わせが殺到したという。

クリネックス・ティシューのうわさはつぎのように整理された。①赤鬼に扮している男の子が金縛りにあって死んだ。②プロデューサー，カメラマンなど製作スタッフがつぎつぎと事故にあったり，死んだりした。③松坂慶子が「今度は私の番」とノイローゼになって精神病院に入院，重体である。④CMに使われている英語の唄を最後まで歌うと金縛りにあって，死んでしまう。また，歌詞を訳した人はみんな死んだ。⑤作詞家や松坂慶子の家が全焼した。⑥すべての原因はCMのバックで，実は黒ミサに使われていた唄だった。[14]

流言の内容にもよるが，疑いをもつことが少ない子どもたちの場合，ある種の都市伝説として，その背景にあるオカルトやホラーにみる非日常的な超常現象にかかわる要因をそのまま信じ込んでしまう例は多数見受けられる。同時に，非論理的・非現実的な中身はより子どもたちの興味の対象を引いてもいる。それが子ども独自の情報となり，子どもたちどうしのコミュニケーション・ネットワークを構成しながら楽しんでいるという，もう一方の見方もできよう。

第7章　マス・コミュニケーションネットワークと流言／うわさ

(3) 現実の生活に沿った内容

　同じ都市伝説でも現実社会にありそうな家族や生活の一側面が加わった有名なものとして大人も知っているのが「サザエさん」の流言である。内容はサザエさん最終回にまつわるもので，波平がハワイ旅行（海外旅行）のクイズに当たった。サザエさん一家はみんなでハワイに出かけたが，帰りに飛行機が墜ちてしまい，一家はみな海に帰った話しである。この内容には，ハワイ旅行と海外旅行があり，飛行機が海に墜ちて，サザエさんだけがみつからなかったものもある。

　サザエさんに関しては複数のバージョンの存在がある。波平が寝たきり老人になり，サザエさん一家は暗い家庭になっていくというもの。マスオが浮気に走り，サザエさんと不和になり，それが原因でカツオが非行に走り，ワカメも家出してしまう。そんな話が子どもたちのあいだを駆けめぐった。

　同じように「ドラえもん」は，ドラえもんとは病床にいるノビ太のみた夢の話しであり，最終回でそれが明らかになるという内容。モデルの主人公の少年は実在するという。それを受けて月刊「コロコロコミック」（小学館）に連載中のドラえもんが近々終了するといううわさも全国に広まった。編集部にも問い合わせの電話が入った。

　いずれの流言も現実に沿っていかにもありそうな内容であり，現代的なフォークロアである。

第4節　流言／うわさの相違

1　流言のイメージ

(1) 流言の多様性

　流言／うわさを社会学から考えると，流言のもつイメージと現実に発生している流言の多様性に考慮すべきである。これまでの流言／うわさを再検討するために必要な点をここで再確認しなければならない。それは社会学における流言研究での災害流言が占める比重である。流言研究は「あたかも災害によって生じるような言説」も多い。この「災害流言をもって流言全体を考えることは，

純粋な流言研究を阻む，大きな間違いの元になる危険をはらんでいる」という指摘にある。流言は日常において出現し，人びとを惑わしたり行動を制御したりする要因のあることなど，その流言の本質である多様性にもっと言及すべきである。

(2) 流言のイメージ再考

そこで流言にかかわる現実の多様性を考える場合，これまで抱いてきた流言のイメージをもう一度検討し直さなくてはならない。再検討するのはつぎの3点である。

第1点は「流言が非日常的な状況で生じるものだという認識は現実に妥当しない」。この点としては，災害流言や社会変動期に生じる流言も確かにある。非日常的な状況でも流言は生起している。同じ意味で，流言は情報が途絶したときにのみ生じるのではない。むしろ，今日の情報氾濫のなかで生じている点は無視できない。

第2点は「流言を伝達内容の客観的な虚偽性をもって特徴づけるのは適切ではない」。これはT・シブタニの指摘でもあるが，過去2000年のあいだに流言について著述した人びとの第1の関心は，口頭で伝達される報告が，不正確であるといったことである。しかし，過去の誤りは流言の必然的な特性でないことを，ここで強調しておかなければならない。その時は確証されなかった報告が，その後事実とわかることもあれば，虚偽とわかることもある。シブタニの指摘にあるように，客観的な真偽は，伝達される時未確定であることも多いし，その後しばらくしても，天安門事件を想起すれば明らかなようにいまだ不明なこともある。

第3点は「流言を伝える人びとの動機として知的欲求を前提するには限界がある」。R・H・ターナーとL・M・キリアンは流言の概念から，認知的な明白さが欠如した状況において，何が起きたかという集合的な解釈をつくりあげることを示した。

同じくシブタニは，曖昧な状況において，ともに巻き込まれた人びとが，自分たちの知識を寄せ集めることによって，その状況について有意味な解釈をおこなおうとするコミュニケーションであり，こうしたコミュニケーションが繰

第7章 マス・コミュニケーションネットワークと流言／うわさ

り返し生じる形式を流言と呼んだ[17]。流言は非日常的な状況で発生するという前提のほかに，人びとの状況を解釈しようとする知識欲求だけから生じるものではない。流言は多種多様な心理傾向から生じるとみた方が正しいといえる。

2 流言とうわさの相違

(1) 流言の概念規定

ここまで，流言／うわさを並列して論述してきた。事実，流言をうわさと言ったり，うわさも流言であったりと結構同じ意味で使われてきたことは否定できない。そこでもう一度流言の概念を整理したい。

早川洋行は流言を，「コミュニケーション連鎖の中で，短期間に大量に発生した，ほぼ同一内容の言説」と規定する。流言発生においても，このコミュニケーション連鎖は大事な条件である。そしてほぼ同一内容の言説というくだりをとらえると，まさに流言がコミュニケーション過程にあることに疑いをもつことはない。

(2) 流言とうわさの相違

それでは流言とうわさの違いをみてみよう。流言の場合，コミュニケーション過程で伝達・拡散されるということは，そのコミュニケーション過程は複数にわたるということである。それに対してうわさの場合，小規模でコミュニケーション過程も身近なことが多い。流言同様，同一内容の言説という性格は一致しているがその規模や生成する範囲が異なると考えられる。

結果的に，流言は複数以上の人間関係におけるコミュニケーション過程が生じた時に成り立つ言説である。うわさは複数のみの個人間コミュニケーションで十分に成立する言説といえよう。したがって，流言とうわさの大きな違いはその波及規模にある。波及規模の小さいものを「うわさ」と呼び，大きなものを「流言」と呼ぶ。同じ言説が広範囲に広がるためには，伝達内容の普遍性が要請される。流言の場合，伝達内容は普遍的なものにならざるを得ないと考えられる[18]。

(3) 連鎖的コミュニケーション

 流言はこれまでによく指摘されたような個人間コミュニケーションやパーソナル・コミュニケーションに沿った、くちコミュニケーションとは一線を画すものである。流言そのものは情報の受け手が送り手になるという場合もあるし、その逆もある。マス・メディアは流言を情報化し、流言はメディアに媒介された現象でもある。したがって、流言をくちコミュニケーションに限定することはできない。くちコミュニケーションに沿った場合、それはうわさとして生成するのが一般的といえよう。

 流言が連鎖的なコミュニケーションであるといった意味は、今日の流言は、メディアに媒介されたものが多いということを指す。テレビ・ラジオ・電話・インターネットなどを通じて流言は拡散している。流言は連鎖的なコミュニケーションであり、さまざまなメディアの利用が可能となった昨今、流言自体、社会的ネットワークにより拡散されるスタイルに注目することで、あらたな流言研究の拡がりにもなっている。

第5節　マス・コミュニケーションと流言

1　情報環境の拡大と流言

(1) マス・メディアの規模

 情報環境の拡大は人びとの日常生活を変えた。それは多くの人びとがつねに大都市という中央との情報の送受信が身近になったことを意味する。それは大都市と地方の情報環境が接近したことでもある。しかし、大がかりなニュースなどの情報キャッチは可能になっても、こと私的に関する部分になるとそうはいかない。それは大都市と地方の生活環境の違いにある。

 一般的に大都市の機能は日常生活がさまざまな領域に分化され、各自の役割分化が明確である。それに比べて地方ではそれぞれの機能が大都市ほど分化されておらず、1つの機関が複数の業務を兼ねる場合がまだ見受けられる。都市化の浸透が激しくても、地方での第1次的な人間関係は大都市よりは高いと考えられる。そのような環境においては、流言よりうわさ的な言説が多いことは

明らかである。むしろうわさは共同体が意思統一するための1つの方法にもなっている。緩やかな話題つくりにも一役買っている事情も知っておきたい。

(2) コミュニケーション機会の有無

うわさに対して流言は，コミュニケーション空間の頻度が高い。人間関係のコミュニケーションの規模が狭い地方よりも，それが多い大都市の方が流言は発生しやすい。うわさのように単なるその場での話題を楽しむ次元とは異なり，流言はあいだに入る人間も多く，情報量の多い社会ではその内容がより拡散されやすい。流言の多さを計ることでコミュニケーション空間の度合いを明らかにすることは可能である。

2　マス・コミュニケーション世界と流言

(1) 擬似環境の拡大と流言の発生

情報が大量に流れる環境においては，その信頼性を確定する前に受け手自身自らの判断による情報認知が不可欠である。しかし多くの人びとは確かな情報を正確にキャッチする状況にあるかと問われればそれはなかなか困難と答えるしかない。そのような情報環境でマス・メディアから送られる内容は，現実環境から距離をおいた擬似環境が主であることは必然的な帰結である。それでは擬似環境の拡大は何をもたらすであろう。

ニュースはともかく，メディアがバラエティ的に流した内容が真剣に受け手へ届くかといえば疑問の余地が多い。当然そこから発せられる言説的な表現はたくさんの流行語を生んでいる。それがトレンド的なことばであったら何の問題もないが，流言のような性格をもつ言説であったらいかがなものか。ゆえに擬似環境の多い大都市には容易に流言が発生する下地が揃っている。

(2) マス・コミュニケーション世界と流言

流言の規模も都市伝説的レベルのものから近所の井戸端会議にあるようなレベルへと多岐にわたる。それが流言とかうわさとかの次元で分けられ，日常生活に拡散されていった。今日，マス・コミュニケーション世界の広がりのなか

で考えられる流言は，必ずしも大規模ではなくなった。これはこれまで論じられてきた流言とは異なる，小規模解釈流言の発生をあらわすことになる[19]。それは単に規模が小さいからうわさであるといった見方ではない。かつての小規模流言を地方などの第１次的な環境のなかで語られていたうわさというものと同一にあつかうものではない。むしろ都市特有の多元的レベルにみられるような流言を，小規模解釈流言として意味づける。この流言はお互い面識のない人びとに共有された一般的なテーマに関して起こるとされている。

　流言は，人びとのコミュニケーション過程を分析するには多角的な見方が必要となる。流言にかかわる類似概念をみてもそうであったように，流言／うわさから，流言とうわさの違い，情報環境の規模によって発生する流言のレベルなど多様である。マス・コミュニケーション世界の広がりはあらたな流言を生む可能性も十分であり，流言研究もそれに沿ってより進展していることに注目したい。

(3) 情報ネットワークのあらたな展開

　流言／うわさの次元で語られる内容には，パーソナル・メディアの急速な進展による多彩なパーソナル・コミュニケーションをみることができる。その内容はプライベートな位置づけには収まらず社会全体を巻き込んだ事態に発展している。

　小規模解釈流言に注目する状況に入った。個人での遊びやジョークで流した内容には，小集団内におさまらず，拡散した例も多く見受けられる。SNSに代表されるパーソナル・メディアは，利便性をもちながらも，さまざまな場面をつくりだすようになった。社会的ネットワークに潜むリスクを念頭においた取り組みの必要性は日増しに高くなっている。流言／うわさ分析にも，メディア・リテラシーの必要性が存在していることを強調しておきたい。

注
(1)　清水幾太郎, 1951年,『社会心理学』岩波書店, 195頁。
(2)　清水幾太郎, 1947年,『流言蜚語』岩波書店, 7頁。
(3)　清水幾太郎編集, 1955年,『マス・コミュニケーション講座6――マス・コミュニケーション事典』河出書房, 220頁。

第**7**章 マス・コミュニケーションネットワークと流言／うわさ

(4) Allport, G. W and Postman L., 1947, *The Psychology of Rumor*. Holt.（南博訳『デマの心理学』岩波書店，1952年，11-14頁）
(5) 同上訳書，74-118頁。
(6) Brunvan, J. H., 1981, *The Vanishing Hitchhiker : American urban Legends and Their Meanings*. W. W. Norton & Company, New York, 1981.（大月隆寛・菅谷裕子・重信幸彦訳『消えるヒッチハイカー——都市の想像力のアメリカ』新宿書房，1997年，14-18頁）
(7) 同上訳書，21頁。
(8) 同上訳書，24頁。
(9) 同上訳書，51-53頁。
(10) 同上訳書，140-141頁。
(11) Brunvan, J. H., 1984, *The Choking Doberman and Other : New Urban Legends*, W. W. Norton & Company, New York.（行方均訳『ドーベルマンに何があったの？——アメリカの「新しい都市伝説」』新宿書房，1997年，19-35頁）
(12) Brunvan, J. H., 1986, *The Mexican Pet : New Urban Legends and Some Old Favorites*, W. W. Norton & Company, New York.（行方均・松本昇訳『メキシコから来たペット——アメリカの「都市伝説」コレクション』新宿書房，1991年，23-25頁）
(13) 「いま子供たちに密かに囁き伝える"奇妙な噂"のネットワーク」『週刊文春』，1986年11月27日号』，178-181頁。
(14) 同上書，178-179頁。
(15) 早川洋行，2002年，『流言の社会学——形式社会学からの接近』青弓社，15頁。
(16) 同上書，15-16頁。
(17) Shibutani, T., 1966. *Improvised News : A Sociology Study of Rumor,* Prentice-Hall.（廣井修・橋本良明・後藤将之訳『流言と社会』東京創元社，1985年）を参照されたい
(18) 早川洋行，前掲書，21-23頁。
(19) 同上書，87-89頁。

参考文献
清水幾太郎，1947年，『流言蜚語』岩波書店
清水幾太郎，1951年，『社会心理学』岩波書店
清水幾太郎編集，1955年，『マス・コミュニケーション講座１——マス・コミュニケーションの原理』河出書房
清水幾太郎編集，1955年，『マス・コミュニケーション講座６——マス・コミュニケーション辞典』河出書房
G・W・オルポート，南博訳，1952年，『デマの心理学』岩波書店

第Ⅲ部　情報社会編

早川洋行，2002年，『流言の社会学——形式社会学からの接近』青弓社
J・H・ブルンヴァン，大月隆寛・菅谷裕子・重信幸彦訳，1997年，『消えるヒッチハイカー——都市の想像力のアメリカ』新宿書房
J・H・ブルンヴァン，行方均訳，1997年，『ドーベルマンに何があったの？——アメリカの「新しい」都市伝説』新宿書房
J・H・ブルンヴァン，行方均・松本昇訳，1991年，『メキシコから来たペット——アメリカの「都市伝説」コレクション』新宿書房
J・H・ブルンヴァン，行方均訳，1992年，『くそ！なんてこった——「エイズの世界へようこそ」はアメリカから来た都市伝説』新宿書房
J・H・ブルンヴァン，行方均訳，1997年，『赤ちゃん列車がゆく——最新モードの都市伝説』新宿書房
千輪浩監修，1957年，『社会心理学』誠信書房
南博，1957年，『体系社会心理学』光文社
内川芳美・岡部慶三・竹内郁郎・辻村明編，1973年，『講座　現代の社会とコミュニケーション1——基礎理論』東京大学出版会
池内一編，1977年，『講座　社会心理学3——集合現象』東京大学出版会

第Ⅳ部

マスコミ研究総括編

第8章
マス・コミュニケーションの社会的責任

第1節　情報の送り手の責任

1　イエロー・ジャーナリズム

(1) マス・メディアの企業化

　マス・コミュニケーションは送り手と受け手の図式により成立する。マス・コミュニケーションの発達は，マスコミそのものが送り手の情報をもとに大量の受け手の獲得をめざすことにあった。マスコミは利潤追求を目的とする企業である側面を象徴している。いまやマスコミは市場を巻き込んだマスコミ産業そのもので強大な世界を誇っている。

　マスコミの発達は，19世紀後半の資本主義体制の確立を基盤としていた。大量の受け手を獲得するために，多くの人が関心を抱く情報内容を用意することに苦心してきた。情報量とそれを送る速さを競うために，マスコミ業界は多大な努力を執りおこなってきた。マスコミが企業であることを忘れてはならないし，そこには利潤追求という命題が存在している。したがって，マスコミ自体，受け手を興奮させるためのセンセーショナルな情報，奇想天外な内容の情報を商品化する傾向を生んだことは自然の流れでもあった。

(2) 新聞の商業化

　マス・メディアの中枢でもある新聞は，発行部数の増大や広告媒体などによる資本主義企業として，大きな利潤をあげるにいたった。それは大量の読者を獲得するために，政治的には中立化し，大衆の関心をとらえるためには煽情的

な記事内容による新聞の商業主義化傾向に走ることにもなった。19世紀後半にはこの傾向がより強まっていった。結果的に新聞は完全に商業化するようになった。

商業化の象徴は、派手な見出しやコピーにみることができる。読者の視覚に入る部分を強調し、内容とはかけ離れた紙面には、読者を獲得するための刺激やインパルスが含まれている。街頭における新聞販売のためには不可欠のものであった。新聞の商業化主義は歴史的に連続して今日にいたっている。

(3) イエロー・ジャーナリズム

新聞を中心とするマス・メディアの商業化は、読者を興奮させる徹底した低俗なセンセーショナリズムを実行させた。それがイエロー・ジャーナリズムの出現をもたらした。イエロー・ジャーナリズムと呼ばれる情報に関する記事内容の欠陥は、送り手側の大きな問題となった。

イエロー・ジャーナリズムとは、犯罪・スキャンダル・猟奇的な事件などを煽動的に取り上げ、人びとを興奮させる低俗なジャーナリズムを指す。このネーミングは、大衆紙の紙面を飾った黄色の服を着た主人公の少年イエローキッドの色刷り連載をめぐる大衆紙の泥仕合に象徴された。後にニューヨーク・プレスの主筆であったE・ワードマンが、これらの大衆紙をイエロープレスと皮肉ったことに端を発している。この背景にはアメリカの大衆紙の激烈な販売競争があった。

イエロー・ジャーナリズムは、著名人のスキャンダラスな暴露記事や事実誤認に等しい内容そのものを売り物にした情報である。送り手側にとって、事実か否かは受け手当事者の判断に委ねるものの、このような情報が主流になることで、送り手自身が発する情報内容の信頼を失いかねない事態となった。

2 欠陥報道とジャーナリズム

(1) 欠陥報道

情報の送り手側であるジャーナリストの姿勢の是非を問われるのが欠陥報道である。欠陥報道とは取材段階での聴き取りミスや、ソースの根拠を曖昧に、

ジャーナリストのモラルに反した重大な事実誤認を含み，事実に反した内容で信頼性に欠けた報道である。

欠陥報道は，ジャーナリストの取材過程での誤った解釈，単純な取材ミスが重大な事実誤認まで発展することにある。すべてジャーナリストとしてのプロ意識そのものが問題となっているところにある。

なぜ欠陥報道が起こり得るのか。取材対象として予想される原事実が現れる前に，いくつかの可能性を推測して記事を書いておく予定稿がある。この予定稿はまさに取材記者側のステレオタイプ化の典型でもある。これは明らかに取材内容に対する正確性の欠如である。マスコミ各社とのスクープ合戦のなか，報道の速報だけが優先され，記事内容の確認も欠落してしまう。さらには自社や他社記者との地位競争のために功名心に駆られたスクープへの執着などは，結果的に事実無根の創作記事の掲載になってしまう。ジャーナリスト自身の欠陥が指摘されることが多いなか，ジャーナリスト自身の持つ受け手像からのものなどもある。

報道に関する一連の記事では，情報源から送られてきたものが，情報の到達地点で正確に受信されなければならない。誤報はどの型をとってみても情報源の原事実と受け手が受信する情報内容とに差があることを特徴としている。誤認の問題はジャーナリズム批判の1つになっているし，結果的にニュースの中身を薄くし，つまらぬ目玉記事を氾濫させる状況を生み出すことにもなりかねない。

(2) 不均衡報道

ジャーナリストの使命には正確な報道とともに公正な報道も要求される。しかしそれに反するものが不均衡報道である。不均衡報道とは，報道内容が何らかの形で均衡を崩しているものである。ニュースは原事実に正確でなければならないのに，どちらか一方に偏向する報道内容となる。

不均衡報道の要因としてあげられるものは，第1にセンセーショナリズム(sensationalism)である。センセーションとは刺激された強い感情であるとともに，伝達されたメッセージによって受け手の感情を刺激し煽情化させる。

第2に報道される記事内容そのもののバランスである。とくに政治を中心と

第8章　マス・コミュニケーションの社会的責任

した報道番組の偏向内容は，政党支持率や投票行動など，視聴者に影響を与えることになる。

　第3にプライバシーの軽視。取材された個人の側に，名誉毀損や人権侵害を発生させることにもなる。容疑者の家族をはじめ，著名人のプライバシーが損なわれたりするような記事であれば，そのニュースのあつかいは不均衡である。

　第4にジャーナリスト自らのニュース脚色である。事件や事故，災害，スキャンダルなどのニュースはジャーナリストの取材によっている。しかし，その取材過程で，ジャーナリスト個人の主観が入り，本来の原事実から乖離することでニュース内容のバランスは崩れてしまう。

　第5に数字に固執したジャーナリスティックな報道である。特定の個人や組織に逸脱した事実が判明した時に，執拗にその個人や組織を攻撃する。一大キャンペーンのように各メディアはこぞってニュースやワイドショー，週刊誌・スポーツ紙で取り上げる。背景にある数字（視聴率・売り上げ）に反映するために，内容はエスカレートする。本来の事案とはかかわりのない部分まで批判は発展し，結果的に読者に麻酔的悪作用を植えつけることになる。

　偏向した不均衡報道にあるのは，送り手側の数字を取るために商業主義に走ることが大きな要因であるが，受け手もそれ以上に面白おかしくその報道内容に乗ってしまう。不均衡報道の是非は送り手側だけではなく，受け手側の対応次第では，不均衡を回避することは十分に可能である。

3　情報の送り手の責任

(1) 報道の責任と適正報道

　ジャーナリストの報道責任は適正報道につきる。適正報道とは，マス・メディアの報道を正確と感じ，受け手に信頼を抱かせる報道内容である。適正とは適当かつ正当な報道のことで，適当とはある性質，状態，要求などに見合い，取材が現実の変化に対し，正確に対応できるように受け手の情報要求を充足させる報道内容である。また正当とは正しくて道理にかなうことである。

　当然のように適正報道の重要性は，送り手とするマス・メディア側がもっとも重視すべき姿勢の1つである。適正報道は送り手が受け手に信頼を抱かせる

情報を送ることから始まっている。どのような事件に遭遇しても，マス・メディアの使命を忘れず，冷静に適正かつ正当な報道を心がけることが要求される。伝達されるニュースや解説・評論・論評などが，原事実の全体を歪曲しないようにつとめて公正に可能な限り客観的に報道しなくてはならない。まして今日のネット社会では必要以上にそれが注目されている。その結果，マス・メディア側の努力を認める人びとは，伝達される報道のメッセージを正確で信頼性のおけるものとして受け取ることになる。イエロー・ジャーナリズムのような欠陥報道を否定するためにも，マスコミの適正報道への期待は長く送り手にあるが，その道は険しいのも事実である。

(2) 報道の自由と自主規制

　マスコミ側による一方向的な報道に対して，全責任を負うことが可能なのは，送り手側の自主規制のみである。多彩なコミュニケーション・メディアが登場している現代社会は情報の洪水に覆われている。多くの情報をキャッチする環境が整っているからこそ，受け手にとって，マスコミの情報はすべてであるといっても言い過ぎではない。受け手にとって報道内容は限られており，それ以外の選択は困難である。適正報道を望む受け手側には，送り手自身の自主規制に頼るしかない状況が続いている。メディア・リテラシーも確立されておらず，情報の逆機能が目立つ今日，マスコミの自主規制は切実なものになっている。送り手側には報道の自由があり，知る権利もあり，情報の送り手には良好な報道環境が存在している。その象徴が，マス・メディアの報道には，それぞれの意見を外部に発表するにあたって，なんら干渉を受けることはない。まして戦時中のような検閲などもない。

　マスコミは「取材の自由」「報道・評論の自由」「媒体・流通の自由」が確立されている。つまり送り手自身の自主規制によってのみ情報は流されるのである。送り手側は絶対的に優位な立場にある。

4 情報の受け手における「知る権利」

(1) 受け手側の対応

マスコミにおいては長く，マスコミの自由と称して「取材の自由」「報道・評論の自由」「媒体・流通の自由」などのスタイルが現場において貫かれてきた。その一方で，受け手側に存在しているのが情報を「知る権利」である。1つは情報公開であり，公共機関のもつ公文書などの情報の公開を，受け手側は要求することができる。さらにプライバシーの面からも，私生活を第三者の目から守るための法的権利が存在する。

こうした権利が施行された裏側には，イエロー・ジャーナリズムや欠陥報道の横行に対応した司法側の措置がある。その他に情報の洪水に対し，受け手が送り手に一方的に流されず，マス・メディアと公平にわたりあうためのアクセス権などもある。

(2) 知る権利

これまで「知る権利」については，ジャーナリストが情報源に自由に接近し，取材ができる権利のように考えられてきた。ところがいまではより広い意味で，マス・メディアの受け手が自由な報道を通じて，真実を知る権利を含むものとされている。つまり報道のもっとも重要な意味は，国民（人びと）に真実を知らせることである。同時に国民には公共的な内容を中心に「知る権利」がある。

そもそも知る権利とは，聞く権利・受ける権利，見る権利などを指し，アメリカにおいては第2次世界大戦中および国際情勢に関する国家の言論統制に反対するためにアメリカのジャーナリストが運動を展開した時に主張された[1]。その点から知る権利の発端は，国民というより国家の言論統制に対するジャーナリズムの自由思想が根底にあったことも見逃せない。そして知る権利の流れは行政側の情報公開という制度の確立へと進んでいく。

(3) 情報公開

この権利は公文書の閲覧・謄写権に属し，国民の知る権利を保障するために，国家・地方自治体・企業などがその保有する情報や資料を自発的に，あるいは

市民の請求にもとづき公開することをいう。情報公開制は，国など公共機関のもつ公文書などの情報を，一般国民である住民の請求に応じて公開する制度である。

　一般に情報公開制度は中央レベルに比べ地方レベルの方が運用しやすいともいえる。第1に，中央と異なり，地方は議会の多数勢力が地方政府をつくるわけではなく，知事は住民の直接選挙によって選ばれるので，そこに立法機関と行政機関に制度上の癒着関係がない。第2に，秘密行政を正当化する口実としての軍事，外交情報がないという点があげられる。(2) その典型的な例がわが国初の情報公開性をしいたのは地方都市である山形県の金山町であった。

　情報公開制度にともなう主要な問題としては，第1に中途半端な法律はつくらない方がいいということである。法律というものは権利義務の主体，性格，内容，限界を明らかにするため，つくり方や運用の仕方によっては，従来よりもさらに不自由になってしまう。第2に情報公開のアキレス腱である。諸外国の例をみても防衛，外交に関するものなどは非公開になっているため問題が多い。第3にプライバシー問題である。好むと好まざるとにかかわらず，国民の個人情報を集めざるを得ないという現実がある。まさに情報公開法最大の問題である。第4に公開強制の方法である。公開を義務づけ，それを履行させる手段をともなわなければ何の意味もない。常時公開を確保する事実が不可欠となる。(3)

(4) 個人情報保護法関連五法

　情報公開制度の流れは，個人情報に関する法律の制定へと進んだ。2003年，個人情報保護法としての「個人情報の保護に関する法律」から「行政機関の保存する個人情報の保護に関する法律」「独立行政法人等の保有する個人情報の法律」「情報公開・個人情報保護審査会設置法」「行政機関の保有する個人情報の保護に関する法律等の施行に伴う関連法律の整備等に関する法律」のいわゆる個人情報保護法関連五法が施行された。

　情報を中心とした社会の浸透において，プライバシーをはじめ個人にかかわる情報を法的に制限する内容となった。マスコミというより組織内での個人情報の扱いに慎重を期するような環境を形成した。

第8章 マス・コミュニケーションの社会的責任

　個人情報保護法の制定は，プライバシー保護を大義名分にしながらも，各種の制約が存在し，不利益を被る事態も多く発生した。国家や官僚や公務員に関わる内容には，特定の制限がかかり，何らかの事態が発生した場合，それ以上の解明が不可能になる。一般個人の情報にあたっては，過度な秘密主義に陥り，住所や氏名の確定も困難になり，本来の機能から離れた部分での課題も多い。

(5) **名誉毀損とプライバシー**
　個人情報であるプライバシーにかかわる問題に関する法的権利である。名誉毀損は個人の私生活を第三者から守る法的権利である。これまで西欧においては，私生活と名誉の尊重は人格権の一部として長く認められてきた。これが法的問題となったのは，19世紀末アメリカにおけるイエロー・ジャーナリズムの氾濫によってで，日本では戦後の週刊誌ブーム以後である。さらに20世紀末のコンピュータ時代の到来によって，プライバシー問題は急速に広がり複雑さを増していった。

(6) **アクセス権**
　情報社会を象徴する新しい権利として久しいアクセス権は，公平原則(principle of equality)ともいう。特定のメディアを通じて，公的に重要な意味をもつ問題について意見が提示された時，これと利害関係をもつものが公平原則にもとづいて，同じメディアを通じて反論することを要求できる権利である。これも思想表現の自由をめぐる新しい権利として浸透している。
　近代社会における言論の自由は，理念的には「国家からの言論の自由」，すなわち，国家によって言論を抑圧されない自由を意味し，言論の自由をめぐる緊張関係は，国家権力と言論主体のあいだに存在していた。これは言論の自由における二極構造と把握することができる。ここでは，メディアと市民は一体となって国家による言論弾圧とたたかってきた。ところが，資本主義の発展にともなって，メディアもマス化し，集中化し，独占化の傾向を強めるようになった現代社会においては，市民一般はマス・メディアから疎外され，情報の「送り手」と「受け手」という2つの階層が生まれるにいたった。しかも，両者には資本主義と労働者の関係にみられるように，一般的には立場の互換性が

なくなってきている。ここでは，元来，言論の自由の享有主体として一体のものと考えられてきた，メディアと市民のあいだに一定の対抗関係が生じるようになり，今日の言論状況は，かつての「メディア」イコール「市民」対「国家」という二極構造から，「市民」と「メディア」と「国家」という三極構造への移行として特徴づけられるようになった。(4)

　アクセス権のもつ意味をたどることで，情報の送り手と受け手の関係が変化していく様子が明らかになる。今日，人びとがおかれている環境とマス・メディアとのあいだには，必要以上の距離が存在している。マス・コミュニケーションそのものの機能と受け手側とのバランスを維持するためにも，アクセス権の有効な運用の広がりを望みたい。

(7) インフォームド・コンセント
　最後に知る権利としてのインフォームド・コンセント (informed consent)「説明にもとづく同意」がある。一般には，医療の提供者が，医療の内容を十分に明らかにした上で，患者側の理解と同意をふまえた医療行為をおこなうことを意味する。
　マスコミ報道内容において，特定の個人が取り上げられた場合，その掲載や報道内容をその個人が了解しているかと同様である。送り手側が掲載内容の説明を果たし，掲載される側が（内容を知る）同意するというプロセスをふんだコンテンツが求められている。しかし現実は，実名や匿名など入り乱れ，個人の人権にかかわる事態も多い。情報中心の社会では，マスコミや公的機関に比べ個人の弱さが際立っている。マスコミの社会的責任論は増すばかりなのだが，それに応える方策は貧弱である。

第2節　マス・コミュニケーションの社会的責任

1　マス・コミュニケーションにおける社会的責任

(1) マス・コミュニケーションの質に対する責任
　情報中心のメディア社会，時には情報のバランスに人びとが左右されること

第8章　マス・コミュニケーションの社会的責任

は少なくない。人びとはさまざまな法的権利に守られているようみえるが、ことマスコミに対しては、受け手という立場にあり、つねに、一方向的である。情報を受けるだけの弱い立場にある。送り手も受け手にとって、良好な関係を築く条件とは何か。それを指摘したのがW・シュラムであった。

1957年にシュラムは、「マス・コミュニケーションにおける社会的責任」のなかで、社会がマス・メディアに目を向け、励まして、責任ある行為を進めるために必要な機関のあり方を提言した。[5]

第1に、政府とその全国、州、地域の各種の取り締まり機関である。これは行政機関を指している。公的機関がマス・メディアを管理したり制御したりする可能性に言及したものである。

第2に、メディアそのもの、すなわちその各職員、公式、非公式の団体と管理組織である。これはマス・メディア自身の自主規制を意味しており、メディアそのものに全責任が覆いかぶさることにもなる。

第3に、公式、非公式の組織と団体をもっている一般の公衆である。これは行政でもメディアでもない完全なる第三者機関である。いわゆる一般市民を指す。その機関を機能させる人選や、構成するメンバーにも大きな責任がある。受け手である人びとに大きな責任を委ねることになる。

シュラムの指摘した機関はまさにそれぞれが独立したものとしてあつかうのではなく、「政府・メディア・公衆」の三者のあいだにおけるバランスの重要性そのものである。たとえば、アメリカにあるマス・コミュニケーションの性質に対して、また国民がマス・コミュニケーションの望んでいる改革に関して、三者のどれに責任があるかと問うならば、責任は分担されていると回答された。

結局、政府・メディア・公衆のいずれか1つにその仕事を期待することはできないし、一極集中もよくはない。他方どれもその仕事を遂行する責任は免除されていない。国民が求めているのは、三者のあいだでの責任の望ましいバランスである。

この三者のあいだでの責任あるバランスの上にメディア社会は機能するし、人びとの日常生活が存在している。同時に、正確な情報を送る側と受ける側とのバランスを維持することにもなる。情報中心のメディア社会をめぐる本来のあるべき姿である。

(2)「プレスの自由に関する委員会」の見解

マス・コミュニケーションの社会的責任として，歴史的重みのあるのが1947年にシカゴ大学から出版された，「自由で責任あるプレスをめざして」における，プレスの自由委員会の勧告である。とくに委員会の見解はつぎの2点にみることができる。[6]

1つは「メディア」と「公衆」が，自由かつ責任あるコミュニケーション制度を保証しようとすればするほど，「政府」のすることが少なくなるという結論である。確かに政府の都合に合わせたメディア規制もわざわざ法制化する必要もなくなるし，政府による報道規制も起こらなくなる。

もう1つは「法律」や「世論」という"外部勢力"は，メディアのデメリットは抑制できるのであるが，メリットをもたらすことのできるのもメディアそのものだという結論である。これもメディア自身が真摯に送り手の責務を果たし，自ら自浄化できる体制を維持することが条件となる。

2　自由で責任のあるプレスをめざして

(1) プレスの自由委員会の勧告

「自由で責任のあるプレス」（1947年）シカゴ大学

プレスの自由委員会の勧告は，1949年にシュラムによって『マス・コミュニケーション』のなかに収録された。原文はつぎのとおりである。[7]

Ⅰ「政府を通じて何ができるか」
① われわれは，プレスの自由についての憲法上の保障が，ラジオと映画を含むものとして承認されるよう勧告する。
② われわれは，政府がコミュニケーション産業における新しい冒険的事業を促進すること，反トラスト法により大企業間の競争を維持すること，またコミュニケーションの集中が避けられない場合は，公衆が集中による利益を受けられるよう，政府がつとめて注意することを勧告する。
③ われわれは，文書誹毀に対する現行の救済手段にかわるものとして，被害者が加害者に対し，取り消しまたは事実の再述を求めることができるが，あるいは反論の機会をもちうるような立法を勧告する。

④ われわれは，その表現は暴力行為をひき起こすという明白かつ現在の危険がない場合は，現制度の革命的変革のための表現を禁止している法律を無効にすることを勧告する。
⑤ われわれは，政府がマス・コミュニケーションの媒体によって，その政策と政策の基盤にある目的に関する事実を公衆に知らせること，また，マス・コミュニケーションの民間機関が，政府にその媒体を提供できないか，あるいは提供しようとしない範囲内で，政府自身が自己所有の媒体を使用することを勧告する。
⑥ われわれはまた，マス・コミュニケーションの民間機関がこの国についての情報を，特定の外国の１ヵ国あるいは数ヵ国に対し供給できないか，あるいは供給しようとしない場合，政府は自己所有のマス・コミュニケーションの媒体を使用して，この欠陥を埋めることを勧告する。

Ⅱ「プレスによって何ができるか」
① われわれは，マス・コミュニケーションの機関が情報と討論の共同機関であるという責任を受け入れることを勧告する。
② われわれは，マス・コミュニケーションの機関がその分野における新しい，実験的な活動に資金を提供する責任を引き受けることを勧告する。
③ われわれは，プレスに属する人びとが活発な相互的批判をたたかわすよう勧告する。
④ われわれは，ラジオ事業がその放送番組を規制すること，また広告を一流新聞が取りあつかうことを勧告する。

Ⅲ「公衆によって何ができるか」
① われわれは，非営利機関がアメリカ国民の求めているような種類，質，量のプレス・サービスの供給を援助することを勧告する。
② われわれは，コミュニケーションの分野における高度な研究，調査，出版の学術的＝専門職業的センターを創設することを勧告する。さらに，現行のジャーナリズム学部がその大学の全資源を利用して，学生にもっとも幅広く，もっとも自由な訓練を与えるようにすることを勧告する。
③ われわれは，プレスの仕事について毎年評価し報告をする，新しい独立機関の開設を勧告する。

(2) マス・コミュニケーションの表現の自由と責任

マス・コミュニケーションの表現の自由に関しては外部からさまざまな保護が存在していることを認識し，マスコミ自身も強い意思によって報道責任を果たさなければならない。

第1に，「意見を外部に発表するのにあたって干渉を受けない」

これはマス・コミュニケーションから送られた内容に対して，当局による検閲による管理を受けることはない。それゆえに送り手は責任ある意見を発表しなければならない義務がある。

第2に，「情報・思想の入手や伝達を妨げられない」

久しく送り手の記事に関してその入手や検索にあたってスムーズに遂行できるために管理されない。それとマス・コミュニケーション内容のニュース記事などの伝達にあたりその経路を妨げることのない環境を維持する。それゆえ万人に対して等しく情報を開示する義務がある。

第3に，「マスコミ自体と公衆，そして政府とのバランスを保つ」

最後はやはり強大な力をもつマスコミ自体が，公衆に対する協力関係と政府に関与されない強い信念をもった姿勢を維持することに帰結する。

結局，シュラムいわく，「政府・メディア・公衆」という三者のバランスである。いつの時代でもこの関係に変わることはない。マス・コミュニケーションの表現の自由と責任はこの上に成り立っているのである。

3 オーディエンスの社会的責任

(1) 公衆の責任に対するシュラムの見解

プレスの自由に関する委員会の見解に対して，シュラム自身の見解は明快である。もしメディアがその責任を負わないならば，またメディアが高度な専門的レベルで自主的に，われわれの社会が必要としている公共サービスをしないならば，われわれのコミュニケーション問題は，われわれが望ましい行動の限界と規定したような，その限界からある程度抜け出せないで解決できるとは思えないというものであった。オーディエンスにおかれた責任の所在を示すためにシュラムは具体的な見解を表明した。

第8章 マス・コミュニケーションの社会的責任

① 「公衆がコミュニケーション動態における第1の推進者になることを望んでいる」。
公衆が自らを欲しているものを知り，その内容を発言することが必要である。
② 「われわれの見解や意図していることをメディアに直接知らせることである」。
公衆の見識を反映させることである。多くの個人の投書であり，個人の投書なら読まれるし，尊重される。
③ 「メディアに対する知的批判を推奨することである」。
まさに公衆側の主体的は発言が世論を盛り上げることのみならず，核心をメディアに伝えることにもなる。
④ 「公衆がマス・コミュニケーションに関する見識ある関心を示すことができる」。
重要な方法は新しい冒険となる試みを推奨することにある。
⑤ 「公衆はマス・コミュニケーションに関し特殊の責任を負っている」。
メディア批判というより受け手側の声を反映させるための積極的な行動こそ重要である。
⑥ 「われわれがマス・コミュニケーションに関して，活発な，はっきりものをいえる見識の公衆をもつことを，現実に期待できるかどうかということである」。
公衆自身が高い見識をもちメディアに対応していく環境構築を目指す必要性もあること。

シュラムの見解はマス・コミュニケーションの質に対する責任に象徴されるとおり，「メディア」と「政府」と「公衆」のあいだの微妙なバランスにあるといえよう。三者間のバランスこそマス・コミュニケーションの社会的責任そのものを示す完全なる姿である。しかしこのバランスを維持するためには社会全体の構造変動につねに適応できるシステムの安定的供給が不可欠である。三者の微妙な立場がその安定を遵守するための道は言葉どおりには進まないこともまた社会である。それでもこの意識はつねに持ち続ける必要がある。

(2) **オーディエンスの社会的責任と情報認識力**

　シュラムのいう公衆とはオーディエンスを意味する。読者で視聴者である受け手の責任を問う。メディア社会における「メディア・政府・公衆」という三者間でもっとも遅れているのが公衆つまりオーディエンスである。マスコミに接触している人びと，オーディエンスたちの消極性だけが目立つ。マスコミによる議題設定に何の疑問も抱かず，コンテンツに浮かれている大多数の人びと。世論調査の数字からジャーナリズムの報道内容をそのまま受け入れ，積極的に議論することはない。

　デジタル化により，オーディエンスもマス・メディアとの双方向的なやりとりはある程度可能になった。しかしオピニオン・リーダーやキーパーソン以外にそこに介入する術はなく，それが投票行動や世論調査にみる投票率と回答内容に示されているとおりである。一方向的な報道内容に対して，何らかのアクションを示す機会もなく，ただただ情報に流されるしかない状況は続いている。社会の成熟化には，三者間のバランスが必要と指摘されながら長い年月が過ぎてもその解決策は見当たらない。結局，情報に対する認識力を高めるジャーナリズム教育の遅れに大きな要因がある。

　マスコミ社会は，情報社会，メディア社会，コンピュータ・デジタルサイバー社会，さまざまなネーミングによって生成されている。洪水のような送り手の情報内容に対して，対応する術は，最後は受け手側の情報認識力，メディア・リテラシーの完成につきる。

　近年のマスコミ強力効果論全盛のなか，オーディエンスのマスコミ認識度がより試される時機でもある。マスコミ報道の鵜呑みは，受け手全員の責任である。オーディエンスのメディア・リテラシーを高めることしかない。シュラムの見解は，理想形であれ，解決策でもある。いまなお新鮮である。

第8章　マス・コミュニケーションの社会的責任

第3節　メディア・リテラシー

1　メディア・リテラシーの重要性

(1) メディア・リテラシーを考える

　送り手の社会的責任ばかり問われているなかで，受け手の責任の所在はどうなのかという問題である。情報氾濫のなか，本来なら，その内容を選択し，識別して，認識することは，受け手自身の責任によってなされるべきではないのか。そこに目を向ける必要があるのではないか。オーディエンスの社会的責任を担うために必要となるメディア・リテラシーをあらためて取り上げたい。

　そもそもメディア・リテラシーとは，「多種多様で複雑な形態のマス・メディアにアクセスし，それを分析し，評価し，推論しながら発言する能力」である。つまりメディアから発信された情報やコンテンツなどを理解する能力である。情報過多のなかで，メディアとの良好な関係構築を目指すものでもある。

(2) メディアはすべて構成されたもの

　メディア・リテラシーで重要とされているのが，メディアが内面的現実の単なる反映ではなく，つくられたものの提示であり，それはつねに特定の目的をもつことである。[9]メディアは個々の制作物であり，新聞や雑誌，テレビ番組，映画などの作品，広告などの情報をテキストとしてあつかう。したがって，送り手は，受け手がメディア・テクストの複雑な部分を明確に理解し，現実と脚色の区別を把握していることを必要としている。

　さらにメディアは，現実を構成していることである。オーディエンスが抱いている世界の大半はイメージである。このイメージは，自分の観察と経験から得た感覚によって構成されている。ところが，自分の観察と経験と思っているもののほとんどが，メディアから得たものでもある。メディアは前もって態度や，解釈，結論を決定しており，結果的に，自分たちではなくメディアが現実を構成していることになっている。[10]

　W・リップマンの世論で指摘されているものとの関連性を再考したい。自分

たちの現実世界と，メディアから得た疑似的世界が混在していることに留意しなくてはならい。

(3) 4つの基本概念

その源流を探るための，メディア・リテラシーをめぐる基本的概念として，イギリスで用いられているのがつぎの4つである。[11]

① メディア言語（language）

テレビ・新聞などのメディア制作現場で用いられる特有な表現スタイル。各メディアでも特徴的に用いられている。

② オーディエンス（audiences）

一般にメディアの受け手である視聴者・リスナー，読者，観衆などを意味する。オーディエンスには，メディアのマーケッター側が消費者として想定する「ターゲット・オーディエンス」と，メディアの読み手とする「アクティブ・オーディエンス」がある。後者は，メディア・リテラシーに積極的にかかわる人びとである。

③ リプレゼンテーション（representation）

現実社会の人びとで，場所や出来事，考え方などを，メディアをとおして再構成し，再提示された表現である。ジェンダーや人種，年齢や階級・階層など，社会的属性の見方に影響を与えるステレオタイプ的なイメージをもって示されることが多い。

④ メディア産業（Industry）

その製品の消費者であるターゲット・オーディエンスを指す。いわゆる一般の消費者をめぐっている。

2　メディア・リテラシーの基本的な方向性

(1) 8つの方向性

オーディエンスがメディアとつき合うための立場を示したのが，カナダ・オンタリオ州教育省によって示された8つの視点である。[12]

第8章　マス・コミュニケーションの社会的責任

① メディアはすべて構成されたものである

メディア・リテラシーで重要な概念は，メディアが現実を反映しているのではなく，現実を再構成し，再提示しているものである。

② メディアは現実を構成する

人びとが頭のなかで描く世界は，自分の経験から得た感覚にもとづいて構成されている。ところが，多くはメディアによって得たものであり，メディアが前もって態度，解釈，結論を決定している。結果的に，個人ではなくメディアが現実を構成するものと考えられる。

③ オーディエンスがメディアから意味を読み取る

メディアの理解で基本となるのは，受け手とメディア・テクストとのあいだで起こる相互作用を意識化することである。メディア・テクストを目にすると，各自，多種多様な要素を通じて，そこに意味を見出す。それらの要素は，受け手の情報処理の方法にかかわってくる。

④ メディアは商業的意味をもつ

マス・メディアの制作の経験的基盤を意識化し，それが内容，技術，配給にどのような影響をおよぼしているかを知ることである。メディア側は，ビジネスであり，利益をあげなくてはならない。すべて数字によって判断される。

⑤ メディアはものの考え方と（イデオロギー）を伝えている

メディア・リテラシーでは，メディア・テクストが含蓄している考え方や価値システムの意識化をする必要がある。（メディア作品はある意味すべて宣伝である）メディアが生産しているもの自体を宣伝しているだけでなく，価値観や生き方を宣伝している。受け手に必要なのはそれを解読する技術である。

⑥ メディアは社会的・政治的意味を持つ

メディア・リテラシーの重要な側面の1つは，メディアが生み出す社会的効果および政治的効果の意識化である。メディアの効果は，家族生活の質的変化，余暇時間の使い方の変化などにみられる。子どもはそのことに気づく必要がある。マス・メディアは，価値観や態度形成に直接的に関与していなくても，それらを正当化し，強化する役割を果たしている。この役割を知れば，子どもの世界に，なぜメディア作品を消費する集団への帰属を強制する圧力をかけるのかも理解できる。

⑦ メディアの内容と様式は密接に関連している

　メディアはそれぞれ独自の文法を持ち，それぞれの方法で現実を分類することである。メディアは同じ出来事を伝えても，受け手サイドのおかれている環境によって，それぞれ異なる印象を生み出し，そのメッセージも違ったものになる。子どもにこの関係を理解させなければならない。

⑧ メディアはそれぞれ独自の芸術様式を持っている

　子どもは，メディア・テクストを解読し，理解するためのメディア・リテラシー技能だけでなく，各メディアの芸術様式を楽しむための技能を育成する機会を持たねばならない。人を楽しませる様式や効果はどのようにして創造されるのかを知ることで，受け手にとってのメディアの楽しさは強化される。

(2) オーディエンスの姿勢

　ここに掲げた8つの方向性を，基本的な教育プロセスを経て，実践的に応用されることで，メディアへの接し方に大きな効果を発揮することは疑い得ないことでもある。メディアそのものの理解には，メディア内容が現実環境であるようにみえても，擬似的環境であることの再認識が必要である。

　マスコミは利潤を追求する企業であることは，そのコンテンツに極めてビジネス的な要素の存在があること，受け手側の事情に限らず，マスコミは結果（数字）を出す選択に走ることを当然のように受け止めなくてはならない。子どもや若者たちにも，その意味を理解してもらう方策がとられるべきである。

　とくに子どもたちは，自分たちの世界を支配するシンボル体系を解読し，記号化し，そして評価する能力を身につけ創造的な主体性を確立する[13]。

　オーディエンスは，つねに，送り手の内容は，自分たち個人や関係する集団にのみ合わせているものだけではないと認識すべきである。その都度，当該事情に応じて，送られたコンテンツや解釈は，受け手各自で（その内容認識）異なるのも必然である。

3 オーディエンスの情報認識能力

(1) 三者間のバランス

　あらためてシュラムの見解を振り返る。マス・コミュニケーションの質に対する責任である，「メディア」と「政府」と「公衆」のバランスである。時代において三者のいずれかに偏重する時間が長く続いている。それはメディアと政府への偏りである。いかに公衆であるオーディエンスの位置づけが弱いものであるか。マスコミ強力効果論とか，政治権力のなす術と決めつけるのではなく，各情報内容に対するオーディエンスの受け止め方，フィードバック体制をより確立させる作業を進めるべきである。

　情報内容に対して受け手がどのような手段をとるのか，どのように意見を提示するのか，その環境をいかに構築していくのか，積極的な主体性をもったスタイルを誇示することで，オーディエンスの立場を有効に発揮させることは可能となる。長年にわたり机上で論じ続けられていることではあるが，三者間のバランスの見直しを図らねばならない。

(2) オーディエンスの情報認識能力

　つきるところ受け手であるオーディエンスの情報認識能力いかんにかかわることはもはや否定できない。メディア教育のなかで，メディア操作に長けた教育のみに偏向せず，メディアそのものを受けるためのカリキュラムを考え，受容態度を形成するための教育を施すことである。

　さまざまなチャンネルが存在し，選択は個人の意思にかかっているが，どの番組を観ても，その前提（意図）を理解することで，受け止め方にも影響が生じる。ある種のドグマに陥ることなく，多彩なコンテンツとつき合うことができれば，メディアとの良好な関係はいつまでも続くであろう。それがメディア・リテラシーとしての，オーディエンスの情報認識能力である。

注
(1) 堀部政男，1977年，『アクセス権』東京大学出版会，23頁。
(2) 清水英夫編，1980年，『情報公開と知る権利』三省堂，27頁。

(3) 同上書, 29-31頁。
(4) 堀部政男, 1978年,『アクセス権とは何か』岩波書店, 31-32頁。
(5) Schramm, W (ed), 1949, *Mass Communications*, A Book of Readings Selected, University of Illinois Press.（学習院大学社会学研究室訳『新版マス・コミュニケーション——マス・メディアの総合的研究』東京創元社, 1949年, 343頁）
(6) 同上訳書, 343頁。
(7) 同上訳書, 358-359頁。
(8) 同上訳書, 344-352頁。
(9) Ontario Ministry of Education, 1989, *Media Literacy: Resource Guide*, Queens Printer for Ontario.（カナダ・オンタリオ州教育省編, FTC（市民のテレビの会）訳,『メディア・リテラシー——マスメディアを読み解く』リベルタ出版, 1992年, 8頁）
(10) 同上訳書, 8-9頁。
(11) 鈴木みどり編, 2004年,『Study Guide メディア・リテラシー』リベルタ出版, 18頁。
(12) （1992年）前掲訳書, 8-11頁。
(13) 同上訳書, 11頁。

参考文献

W・シュラム編, 学習院大学社会学研究室訳, 1949年,『新版マス・コミュニケーション——マス・メディアの総合的研究』東京創元社
F・S・シーバート編, 内川芳美訳, 1953年,『マス・コミの自由に関する四理論』東京創元社
清水幾太郎編集, 1954年,『マス・コミュニケーション講座 3——新聞・雑誌・出版』河出書房
清水幾太郎編集, 1955年,『マス・コミュニケーション講座 5——現代社会とマス・コミュニケーション』河出書房
城戸又一編集代表, 1973年,『講座 現代ジャーナリズム II——新聞』時事通信社
城戸又一編集代表, 1973年,『講座 現代ジャーナリズム VI——ジャーナリスト』時事通信社
内川芳美・新井直之編, 1983年,『日本のジャーナリズム——大衆の心をつかんだか』有斐閣
堀部政男, 1977年,『アクセス権』東京大学出版会
堀部政男, 1978年,『アクセス権と何か』岩波書店
堀部政男, 1980年,『現代のプライバシー』岩波書店
奥平康弘, 1979年,『知る権利』岩波書店
清水英夫編, 1980年,『情報公開と知る権利』三省堂

カナダ・オンタリオ州教育省編，FTC（市民のテレビの会）訳，『メディア・リテラシー——マスメディアを読み解く』リベルタ出版，1992年。
鈴木みどり編，2004年，『Study Guide メディア・リテラシー』リベルタ出版

第❾章
マス・コミュニケーション研究のゆくえ

第1節　混乱するメディア世界

1　メディア・フレーム再構成の必要性

(1) メディアへのアプローチ

　メディアは周辺機器か，媒体か，メッセージか，メディア・フレームの混乱した時代に突入している。マスコミ研究の原点にあるW・シュラムのマスコミ基礎理論をベースにするのか，M・マクルーハンのメディア論的に考えるのか，カルチュアル・スタディーズのメディア研究なのか。マスコミ，ジャーナリズム原理論からのアプローチなのか。

　ここでいえるのは，メディアへの見方，接近方法が年齢や世代によって大きく異なることである。その時代における媒体物が進化を続けている状況下で，その時点でもっとも先端を走る媒体に遭遇した世代が，もっとも最新のメディア操作に長けている事実がある。メディアはつねに変化している。メディアの進化は時々刻々として人びとを先導している。そのようなメディア環境の進化こそ，「メディア革命」と呼ばれても何ら不思議ではない。メディア革命の先にある「メッセージ」こそ，重要なことであると再認識すべきである。

　さまざまな情報の伝達と表現方法が大きく変わり，その中心に位置しているものこそ「パーソナル・メディア」から進化したあらたなメッセージである。ゆえにマスとパーソナルの関係を軸としたコミュニケーション形態を整理し，進化するマス・コミュニケーション研究を有益なものにするためにもメディア・フレームを再構成する必要性に迫られている。

第9章　マス・コミュニケーション研究のゆくえ

マスコミからメディアという用語が単独に用いられ，マスコミ世界その全体を網羅するようになり久しい。かつてマスコミという用語は，マス・メディアやジャーナリズムにかかわる世界をカバーするに適した意味として浸透していた。しかし昨今，その意味を示す用語はマスコミからメディアに移った。メディアはマスコミ世界を含め，情報関連機器のパーツや，ハード面を示す言葉として認識を深め，サイエンスやテクノロジーに関する領域までカバーするようになった。つまり，メディアという表現は，本来のマスコミ世界に特定せず一般化してきたのである。

　メディアは確かに便利な用語であるのは否定できない。それを使用することは誤りでもない。市民権を得たことも事実である。この状況は急速な情報化の流れとステップにより，これまでのメディア環境を一変させてしまったことが背景として考えられる。それを印象づけているのがメディアという概念である。基本的にメディアという用語は，マス・メディアを短縮したかたちで，これまで多く用いられてきた。社会学や政治学をはじめとする社会科学においても，マス・メディアは，テレビ・ラジオ・新聞・雑誌のマスコミ4媒体を指して考えられてきた。メディアという用語は，これまで「大衆における媒体」あるいは「大多数における媒体」として，マス・メディアを表す意味で使用されてきた。さらに，いつの時代もメディアという概念は，単に「媒体・媒介」を意味する事柄にとらわれることなく，つねに新しい社会，つまり旧いシステムから新しいシステムに移行する過程における環境形成の機能を果たす役割も担った。その意味解釈からもシンボライズされたスマートな概念であった。

　ところがいま，メディアという用語はマス・メディアに限定するだけでなく，ビデオやカメラの記録媒体やゲーム機ソフト，個人の趣味や趣向など，社会の個人化に沿いながら対象は拡大している。自然科学や人文科学，本来のマスコミ4媒体など無視するかのようにその対象範囲は変わってきた。

(2) パーソナルなネットワーク

　このような現状は，急激な速度で発達したコンピュータなどのデジタル環境にある。なかでもパーソナル・コンピュータの日常化である。自然科学や理系の専売特許の感もあるコンピュータ環境は，人文系との区別ももはやない。大

第Ⅳ部　マスコミ研究総括編

多数の人びとによる日常的生活用品の類として浸透し，その用途は拡大している。また，各種ソフトの充実により専門性をもつ情報処理やデータ処理，資料分類作成に効果を発揮し，素人にもわかりやすい道具として日常化された。

　さらにこれまでマス・メディアが担当していた役割に，対象相手との双方向性（相互関係）をインターネットが代行するような状況になった。とくに通信販売・ネット予約などがそれらに追い打ちをかけた。既存の情報メディアを電子化することによって瞬時にコンテンツを送受信するデジタル・メディア環境の時代である。そしてそれらのオプションから拡大したネットワークは，人間生活の人間関係的側面であるミクロ的部分（行為の側面）をパーソナル・コミュニケーション化したのである。パーソナル・メディアは，コンピュータの進化に機械と人びとの関係を媒体させることによりその位置を確立していった。

2　マス・コミュニケーションとメディア・コミュニケーション

(1)　マス・コミュニケーションの存在

　マス・コミュニケーションとは「大衆伝達」である。それは送り手が不特定多数の受け手を対象にメッセージを送るプロセスを意味する。ところがパーソナル・コンピュータの浸透によって構築されたデジタル・メディアによって，マス・コミュニケーションを媒体とするマス・メディアの役割は，終焉を迎えたのではないかという状況を生み出した。[1]この状況とは，実際，情報の流れを大多数の人びとを対象にしたものではなく，個人の次元つまりパーソナルな部分がメインになり，マス・メディアの送受信されている現実は曖昧にされ，社会全体の流れがすべて個人化であるような事実とみなされている。

　つまり，コミュニケーションのスタイルも分化し複雑になりそれを説明する概念が曖昧なまま独り歩きしてしまった。急速なデジタル・メディアの発達は，マス・コミュニケーションという表現を不要とするとらえ方（カバーできない流れ）をつくってしまった。ゆえにメディア・コミュニケーションというあらたなネーミングが登場，既存のマス・コミュニケーションと一線を画し，既存の概念が不在したような状況になってしまった。

(2) メディア・コミュニケーションに代わる？

　メディア・コミュニケーションの視点からみれば，マスもパーソナルも網羅するデジタル・メディアの趨勢そのものが，今日のメディア全体をカバーしているとの認識が存在する。一般化しつつあるこの概念は，アカデミズムの世界でも顕著になってきた。メディア・コミュニケーションという科目の普及は，大学などの社会科学系のカリキュラムにみることができる。この科目がマス・コミュニケーションと並列している現実は，マス・コミュニケーションからの差別化あるいは脱却を図っていると思うのは考え過ぎなのか。[2]

　そこで，メディア・コミュニケーションの論拠になっているパーソナル・コミュニケーションの位置づけをみる。基礎理論から考えるコミュニケーション類型では，パーソナル・コミュニケーションは個人システムのレベルによる概念である。マスかパーソナルかというレベルから両者を分けた場合，メディア・コミュニケーションの言い回しは妥当であろうか。

　また，メディア・コミュニケーションというネーミングで開講されている講座や研究対象領域において危惧するのは，マス・コミュニケーションとの区別を規定せず，安易にこの用語を使用している現状である。両者の明確な相違は，それぞれの学術的根拠にもとづいて進められているのかという疑問である。不確定な状況下で利便性ゆえの名称使用は，メディアやコミュニケーションを専門に研究する人びとが，正確なフレームで学生たちに知識を伝達するには問題も多いのではないか。

(3) マス・コミュニケーションとメディア・コミュニケーション

　ここで指摘したいのはマス・コミュニケーションとメディア・コミュニケーションの名称について，どちらが適切か否かというよりも，両者の正確な意味をまず整理することにある。通常，コミュニケーション類型において社会的コミュニケーションと規定するマス・コミュニケーションという概念は，そこで生じる多様なメッセージが，公共性の空間とパーソナル・スペースという環境のなかで生成していることに注目する。パーソナル・メディアを個人化空間で用いた情報交換過程を，マス・コミュニケーションのメディア機能によって普及している事実である。つまりマス・メディアから分化した一部としてのパー

第Ⅳ部　マスコミ研究総括編

ソナル・メディアである。情報交換過程における双方のいずれかの機能の優越性の度合いをみることにほかならない。

　かつてのマス・メディアによる情報媒体機能が，パーソナル・メディアという媒体道具に取って代わられたという考えは，果たして妥当であろうか。なぜなら個人間コミュニケーション以外のパーソナル・メディアという道具を用いた情報受容で，マス・メディアから受信する内容は不特定多数の人びとに送られた内容を含んでいることに変わりはない。送り手のメッセージ内容が，パーソナル・メディアで受信されただけである。個人間コミュニケーションをパーソナル・コミュニケーションの機能でサポートし，よみとるコンテンツがマス・コミュニケーション内容であれば，機能的環境がパーソナル・メディアであっても，既存のマスコミ4媒体の設定内でカバーしているとの認識になる。

(4) 社会的コミュニケーションのなかのパーソナル・メディア

　この一連の過程にみえるのはパーソナルな空間の役割である。私的な情報環境のなかで運用されるさまざまなメッセージ交換によって，人びとが持っているマスという意識が遠ざけられてしまった。当然パーソナル・スペースのなかでは個人間のネットワークも，パーソナル・メディアによって，より広がりやすい条件が確保されている。同時に，マス・コミュニケーションの存在意義が社会的に拡大を遂げた結果，情報処理の機能的部分は，パーソナルな世界へ収斂されている。マス・コミュニケーションの役割云々よりも，人びとのマス・コミュニケーションによる情報キャッチ空間のパーソナル化が増加している。個人化空間の広がりは歴史的な必然性であると同時に，マス・コミュニケーションの社会的機能とかを超越する新しいコミュニケーション・スタイルを待望する風潮となった。

　結果的に，社会一般の流れに学術的世界は追いつかず，社会的コミュニケーションとパーソナル・メディアの両者の相違や概念規定は曖昧なままであった。そして新しいネーミングがトレンド用語的に広がり，メディア世界の混乱へ拍車をかけてしまった。

第9章 マス・コミュニケーション研究のゆくえ

第2節 マス・メディアとパーソナル・メディア

1 パーソナル・メディアとパーソナル・コミュニケーション

(1) パーソナル・メディアの浸透

　パーソナルなコミュニケーションの増加は，1990年代以降より顕著になった。これまでマス・コミュニケーションとして機能していた側面に大きな方向転換をもたらした。その要因は，パーソナル・メディアをデジタル的思考としたパーソナル・コミュニケーションの急速な発達である。その速度による影響は，当初の予想に反し，アナログ中心のパーソナル・コミュニケーションの機能には収まらなくなってしまった。それを象徴しているのが日常生活にみる個人のコミュニケーション・スタイルである。

　若い世代に限らず，人びとは，直接的なコミュニケーションが可能な環境にいても，パーソナル・メディアを用いた間接的なコミュニケーションを選択するケースが多いということ。とくに通信機器各メーカーの携帯電話（スマートフォン）を中心とした相互通話やメールに際し，同一環境下での無料化や，大幅な経費割引などの戦略も功を奏している。パーソナル・コミュニケーションの浸透とは，単にコミュニケーション・メディアの普及にとどまるだけではなく，デジタル機能のアップがもたらしたデジタル・パーソナル空間が，日常的行為として生活の過程の一部に定着した現実にも注目する必要がある。

(2) 個人化する世界

　デジタル・メディア機能の普及は，今日のパーソナル・メディアを利用する人びとの動機が緊急事態や非常災害用，またビジネスや教育・研究よりも，プライベートな領域を最優先にしている。とくに個人的な世界にかかわるエリアでネットワークを広げている人びとは，余暇やエンタテインメントなどに関する領域でパーソナル・メディアを有効活用させている。パーソナル・メディアによる通信販売の消費行動への進出などで，パーソナル・コミュニケーションに内在する個人化機能そのものの価値が高まった。

パーソナル・メディアの効果は何より個人の私的な部分に多大な利便性をもたらしたことにある。公と私の区別を公的な部分においても維持することが可能となった。勤務中であれ瞬時にして私的な情報交換が達成できる。その情報キャッチがその場で不可能であっても記録として保存され，その情報を逃がすことはない。それに必要とする優先的な人間関係を遂行する上で，リスクをともなう対人関係も回避できよう。個人にとって有益なパーソナル・メディアの完成でもあった。

(3) デジタル化の逆機能

　パーソナル・メディアの有効性に対し，パーソナル・メディアに潜む逆機能も浮上する。私的で利便性が高いゆえの問題も発生した。それはパーソナル・メディアに付加したデジタル部分が，当初のコミュニケーション・ネットワークの意図した効果からの逸脱である。パーソナル・コミュニケーションは，単なるメッセージの送受信にとどまらなくなってしまった。パーソナル・メディア特有の匿名性の問題である。匿名性の弊害は，コミュニケーション過程において，その情報の信頼性を失う自体に発展する状況を生み出した。

　とくに送り手の匿名化には責任の所在がなくなる。情報内容に誤認や事実無根があってもそれをフィードバックさせる機能は皆無である。これまでマス・メディアでありがちな不適正報道の類は，記者の署名なしの記事やクレジットなしの記事によるものが多かった。メッセージ内容の確認，送り手を特定すること以前に相手の背景を知ることもできない。匿名化は正常なコミュニケーションの成立に困難をきたすようになった。

2　デジタル・メディアとしての役割

(1) 既存のパーソナル・メディアの機能

　既存のパーソナル・メディアは，双方にとってある一定の了解事項と何らかの合意をともなったコミュニケーション的行為であった。利潤を追求するビジネスツールとして使われても信頼性は強く，双方向性に長けたパーソナル・メディアであった。

第❾章 マス・コミュニケーション研究のゆくえ

郵便も同じである。ダイレクトメールの洪水はありながらも，基本的なメッセージや情報のやりとりがデジタル化なされる今日でも，親書とダイレクトメールの区別は可能である。とくに親書は双方にとって重要な意味をもつ記録性に長けたメディアである。追跡機能などのデジタル化と並行しながらアナログ的価値を維持した不変なパーソナル・メディアであることに変わりはない。信頼のともなうコミュニケーションの1つであろう。

(2) デジタル・メディアの不都合

ところがデジタル化中心になりコンピュータ・メディアの機能を備えたパーソナル・メディアの普及は，これまでの信頼性を揺るがす事態を生みだすことになった。それはあらたなデジタル的パーソナル・メディアに内在しているシンボルによる意思交換にみられる。送り手と受け手双方に何の了解事項が成立しなくても情報のやりとりを可能にする。パソコンや携帯にあるメール機能のことだ。相手の都合にかかわらず24時間の送受信が可能。記号と文字で意見の伝達ができる。

こうした行為は人間間の合意不合意など関係なく浸透していった。複雑で煩わしい人間関係を回避し，自己の世界を十分に確保したい人などには都合のよいメディアである。このメディアが急速に受け入れられた理由でもあった。自由で時間の有効活用，情報の送受信を楽しむデジタル・メディアの効用ができる。しかし，人間関係上のリスクを回避したメディアのはずなのに，それ以上に予測不可能なあらたなリスクの発生をもたらした。

3 システムに対応するフレーム

(1) 個人化か公共化か

あらたなリスク問題とは，デジタル・メディア上におけるネットやブログなどにみられる匿名性の書き込みである。良識な内容ではなく誹謗中傷によって個人や組織を攻撃する類の新規な犯罪迷惑行為である。そこから拡大した違法性のルートに乗り，リスク性の高い商品の売買，情報の開示などは，予期せぬ社会病理現象を発生させた。パーソナル化したデジタル・メディアの広がりは，

個人化した環境のなかで増長し，犯罪の低年齢化傾向も生み出した。この種の犯罪は，当初の予測にはないパーソナル・メディアの機能から乖離する意図せざる結果をもたらしてしまった。

意図せざる結果の背景には，社会全体の過剰な個人化状況の流れでもある。個人化で発生する空間には，匿名性と密室性が備わり，各種の犯罪や逸脱行為が容易に発生している。これらの社会病理は，公共的なマス・メディアからプライバシーを尊重した個人化世界，パーソナル・メディアの急速な普及を抜きに語れない。デジタル的パーソナル・メディアの普及の裏側には，利便性かプライバシー遵守かという二面性を抱えていることを考慮せねばならない。

(2) あらたなフレームで問題処理

個人化はさまざまな領域で広がりをみせた。パーソナル・メディアは確かに使い勝手のよい媒体である。個人化を支えているのはパーソナル・メディアの進化にある。そして，パーソナル・メディアは，社会的行為自体もマスからパーソナルへ移行する機能をもたらしたコミュニケーションという性格もある。しかしそのとらえ方は，既存のマス・コミュニケーション機能からの分化としてみなしてよいのか。そこから分化し個人化した相互行為現象であるとするなら，あらたなメディア・フレームを構築する必要が生じる。既存のままでは，マス・コミュニケーションは別次元として考えなければならない問題も生じる。パーソナル・コミュニケーションに重なり合う方向を模索し，両者の融合・収斂を導き出さなくてはならない。

そこであらたに発生した枠組み問題に対して，マス・コミュニケーションとデジタル・メディアの関係を再考したい。それは，この問題が既存のコミュニケーション類型と強いつながりをもっているからである。コミュニケーション類型の再考は，メディア・フレームそのものを対象とすることにある。その先にはメディア・フレームの再構成という重要なパースペクティヴが待ち受けている。

第9章 マス・コミュニケーション研究のゆくえ

第3節　マス・メディアとパーソナル・メディアの関係性

1 メディア・コミュニケーションの登場

(1) メディアの両面性

　マス・コミュニケーションとマス・メディアを並列させるように，マス・メディアとパーソナル・メディアを整理する。両者の区別は各時代の社会構造に適応する条件によるところも大きい。今日のメディア形態はかつての両概念に合致したものだけではない。むしろデジタル的情報社会のなかでそれぞれの役割にマッチしかつ分化されたスタイルに沿っている。社会事象の分散化の流れは，個々人にあらたな対応を余儀なくさせている。メディアのフレーム自体，そこに沿った方向として機能することに違和感を覚えることも少なくない。であればなぜ，メディアの枠組みをめぐる問題をここで取り上げたのか。その理由は，マスコミをはじめとする社会一般の流れが，メディアという用語，そのもののあつかいをジャーナリスティックに使用し，概念規定なしに両者（マス・コミュニケーションとメディア・コミュニケーション）の区別を怠ってきたことにある。それがあたかも今日の風潮として，マス・コミュニケーションという表現を後退させ，トレンドのようにメディア・コミュニケーションの用語を乱用させる結果となった。確かにメディア・コミュニケーションという用語は時代に合ったものである。ただ，この用語に移行する過程が曖昧であるように，既存のマス・コミュニケーション機能を無理やり取り込むように仕向けることになりかねない。そしていつのまにかそうした流れが加速化してしまった。
　デジタル・メディアの発達は，個人のパーソナル・スペースに自らのコミュニケーション・ネットワークを結びつけた。そのため既存のマス・コミュニケーションの機能はデジタル化されないままで，ネットワークを説明するには（イメージ的要因もあり）困難をきたした。デジタル化された状況になってもそれぞれの機能的意味を円滑にカバーするには，メディアの枠組みを変える以外に，今のコミュニケーション・ネットワークを説明することは難しい。
　こうした背景に沿い，マス・コミュニケーションに代わる用語として，メ

ディア・コミュニケーションの台頭がある。マスコミからメディア，短縮だけではなく，前面にメディアを押し出し，あらたなカテゴリーとして知名度を増した。その象徴は，大学や学術系専門機関をはじめとするマスコミ関係講座で顕著になった。

(2) コミュニケーション・ネットワークとメディア環境の個人化

マスとメディアのかかわりが個人のコミュニケーション・ネッワークに果たした影響を考えてみる。当然そこに登場するメディアはマスかパーソナルかが重要となる。大事なことはそれぞれの意味する役割は異質のものであること。異質というのは同じ媒体でも，その規模次元によって異なる機能を有していることである。

個人の生活環境のなかでメディアの占有状況をみてみよう。公的な情報をキャッチする媒体はマス・メディア（的機能）をとおしておこなわれる。私的なプライベート情報を交換する媒体は，パーソナル・コミュニケーションで，パーソナル・メディアを用いて機能する。

情報収集力と個人間ネットワークつまり人間関係の豊富さを象徴するものこそ個人のメディア環境にあるとみる。極めて単純にそれを知るには，コミュニケーション・ネットワークに内在しているマスとパーソナルのバランスである。両者のバランスをみることで個人の行動形態や生活環境さえ判断が可能となる。「公的」か「私的」か，それぞれの機能に応じたコミュニケーション・ネットワークを考えてみたい。

2 メディア・フレームの修正

(1) 生活レベルでのデジタル化

通称，マス・メディアと呼ばれるマスコミ4媒体は，リアルタイムでのニュースやドキュメント，アーカイブス，教育や趣味や余暇など娯楽の世界に多くのコンテンツを提供し続けてきた。そこにある情報の数々が，人びとの日常的場面や行動そして意思決定に与えた影響は多大であった。

ところが，その環境に慣れ親しんだ人びとに，急激な生活レベルでのコン

ピュータ化の推進は，アナログ的思考からデジタル的思考へとハード面のみならず，人間の生活スタイルそのものを変化させることになってしまった。人間生活の文化的パターンや思考回路に変化をおよぼす機会をつくりあげてしまった。

　メディアの進化を歴史的に追うことで明らかになるのは，いつの時代でも世代間によってその理解や対応に差異が生じることである。ビデオデッキ登場，ワープロ登場，パソコン登場，携帯電話登場，DVDの進化，一連のなかでタイムリーに対応できる年齢は，小学校高学年頃が各世代のニューメディアに適応可能な環境をもつと考える。それにタイムラグした世代は，その対応をめぐりさまざまな不都合が生じている。ワープロ登場の頃，その対応をめぐり，世代間の格差が生じた。そしてパソコン登場から周辺機器の進化，今日これまで以上の世代間格差を生んだ。

(2) フレームはどうなる，メディア・フレームの修正へ

　デジタル・メディアを定着させたコンピュータによる電子化は，日常のあらゆるコミュニケーション・メディアを巻き込んだ。それゆえにコンピュータ媒体エリアを既存のメディア・フレームで説明することはやっかいになった。

　戦後，マスコミ4媒体の普及によって進展した情報社会は，人間生活の社会的文化的レベルに深く進行していった。ところが近年登場したデジタル・メディアの普及によってもたされたあらたなメディア社会では，その新しいシステムに沿ったメディア・フレームに組み換えることを余儀なくさせた。[3]

　では，マス・コミュニケーションを主体としたメディア状況に変化をもたらすことになった背景を，情報化のステップから修正の準備へと進みたい。

　メディア・フレームの修正に入る前提を考えたい。第1は「マス・メディア」である。テレビ・ラジオ・新聞・雑誌という既存の機能を中心としたマスコミ4媒体である。第2は「モバイル・メディア」をあげる。これは無線LAN機能のパソコンや，携帯電話などに付属する端末機能をオプションとして生成するパーソナル・メディアをいう。第3は「デジタル・メディア」である。パーソナル・コンピュータの付加価値によるパーソナル空間で，大規模な編集記録作業などを可能とするパーソナル・デジタル・メディアである。モバイ

ル・メディアとデジタル・メディアは，マスのはたらきをパーソナルな領域でフォローするパーソナル・メディアである。作業処理能力や規模の大小により両メディアを区別する。

　デジタル化の進化によって既存のマス・メディアもネットワーク機能などを用いる情報配信として，一般家庭にも新聞・雑誌レベルでの電子化サービスが普及しはじめた。このサービスはすでに情報をマスからパーソナルなネットワークへ移行するものと考えられてきた。しかしマス・メディアがパーソナル・メディアを経由しても，マスの情報はあくまでもマス・コミュニケーションの原形のなかで送られていることに注目する。大容量の情報を不特定多数の人びとへ送信するプロセスに変わりはない。ただ，情報を送受信する環境が個人的空間であるパーソナル・メディアによるものに変わった。情報の受容は，パーソナル・メディアであることから，マスのパターン変化と考える。

第4節　メディア・フレームの再構成をめざして

1　コミュニケーションの分化

(1) マス・コミュニケーションの機能

　今日のマス・コミュニケーション機能に適応した有効な役割をもつメディアをあげる。まずマス・メディアである。4媒体の既存の役割として，大規模なニュースと解説中心，エンタテインメント重視のソフト面をカバー，資料としての保存も含む一大領域である。

　つぎにモバイル・メディアである。この役割は瞬時で速報性のある移動情報の情報交換機能を最優先しながら，パーソナル・スペースを用いての時間消費と個人の機能的要件の充足にある。移動空間の瞬時性という役割を，パーソナル・メディアでカバーする。

　そしてデジタル・メディアである。コミュニケーション・メディアとしての性格をもちながら，マス・メディアとモバイル・メディアの編集・記録などから総括的に個人のコレクションやデータ類などを処理する。またマス・メディアの機能を活用する。パーソナル空間における最新の情報処理を瞬時に遂行し

第❾章　マス・コミュニケーション研究のゆくえ

ながらそれを送り手や受け手へ伝達する。(4)

(2) マス・コミュニケーションとメディア・コミュニケーションの分化

　コミュニケーションの分化は，メディアの概念を変えようとした。あらゆる事象が異なる生活世界で生成している現代，人びとの行動パターンも分散化している。個々人にみる趣味嗜好，欲求コンテンツの類は多様である。それに応える環境形成は至難である。

　マス・コミュニケーションにみる大規模ネットワークが連続する状況下で，分化した個々人の意識が，分散化されたメディアのネットワークを通じて，各自の欲求を満足させている。マス・コミュニケーション機能を土台にした個々のコンテンツは，メディア・コミュニケーションによるパーソナルな部分から提供させる。新規な伝達スタイルに沿ったコミュニケーション分化が投げかけたものこそ，個人的空間を充足する機能である。

2　社会的個人的コミュニケーション機能

(1) (社会的) マス・コミュニケーション

　(社会的) マス・コミュニケーションは，既存のマスコミ4媒体を中心とした大衆における伝達概念にみるコミュニケーション形態である。大量の記号やシンボルを要求する人びとに送ることが可能なコミュニケーション形態である。それにデジタル機能を加えた伝達システムである。不特定多数の人びとに大量のメッセージを送受信するもっとも規模の大きいメディアである。伝統的なマス・メディアそのものを対象にしている。コミュニケーション・メディアすべてを総括する。

(2) (個人的) パーソナル・コミュニケーション

　(個人的) パーソナル・コミュニケーションは，既存の伝統的アナログ機能も含んだ郵便から電信・電話を用いた伝達媒体としての伝統的パーソナル・コミュニケーションである。パーソナル・コミュニケーションを結ぶ道具の役割を果たしている。デジタル化にともない既存のメディアに付加価値をつけた

パーソナル・メディアやコンピュータ・メディアを対象とする。

3　メディア・フレームの再構成

(1) マス・コミュニケーション（マス・メディア）
　マス・コミュニケーションとマス・メディアは，社会的レベルに位置するコミュニケーション形態であることを重視する。メディアに関するすべてのコミュニケーションの上位概念に位置する。

(2) メディア・コミュニケーション（パーソナル・メディア）
　メディア・コミュニケーションとパーソナル・メディアは，主に個人的レベルによるコミュニケーション形態と考える。モバイル・メディアはここに位置し，デジタル・メディアのパーソナルな役割は，パーソナル・コミュニケーションのフレームであつかう。それ以外の機能はマス・コミュニケーションに含まれる。

　メディア・フレームを整理し，再構成することで今日のメディア事情とメディア環境への取り組みを容易にすることが可能となろう。「マス・コミュニケーション（マス・メディア）」と「メディア・コミュニケーション（パーソナル・メディア，コンピュータ・メディア）」に大きく二分してみる。この場合パーソナル・メディアにはアナログを含む。コンピュータ・メディアには移動的端末機能を含む。その結果，マス・コミュニケーションとメディア・コミュニケーションを並列させたメディア・フレームの再構成が完成する。デジタル部分は，今日のハード・ソフト的機能として両者に共有する。

　マス・コミュニケーションを上位概念におき，周辺機能をカバーする役割としてメディア・コミュニケーションを位置づけるという考え方である。この再構成は一部で論じられてきたマス・コミュニケーションを統合したメディア・コミュニケーションのフレームとは異なる視点である。コミュニケーション類型でみられるパーソナル・コミュニケーションとパーソナル・メディアは個人レベルのものであり，マス・コミュニケーションとマス・メディアは，社会的レベルのものである。この区分は，システムレベルとチャンネル方向性の区別

によっている。あくまでコミュニケーション類型論を前提として，構造—機能的に再構成した社会学的なメディア・フレームという考えである。

結び　マス・コミュニケーション研究のゆくえ

1　パーソナル・メディアの進化

　マス・コミュニケーション，マスコミ世界，そんな表現や表記は今日，メディアというネーミングによって代替されるようになった。冒頭，混乱するメディア世界という見出しにあるのは，マス・コミュニケーション研究のゆくえと密接にかかわる意味づけでもあった。メディアの進化には，マス・コミュニケーションからメディア・コミュニケーション，デジタル・コミュニケーション，サイバー・コミュニケーションと，人文科学や自然科学も入り乱れての多様なメディア論を登場させた。
　「メディアの進化」とは「メディア革命」の類におよんでいる。
　あらためてメディアの進化とは，その先にあるメッセージの伝達と受容されるプロセスにみる高度な利便性の向上につきるのではないだろうか。つまり，情報の伝達と表現方法の変化，さらに受容（受信・視聴）形態の変化を指している。その主要媒体がパーソナル・メディアであり，そこから受信したメッセージそのものが多彩なスタイルによって拡散していることである。

2　パーソナル・メディアと社会的ネットワークの台頭

　日常，多くの人びとにとって不可欠になったパーソナル・メディアは，社会的ネットワークとする「SNS」（ソーシャル・ネットワーキング・システム）によって一層の拡散を呈する環境を構築した。SNSを用いたパーソナル・コミュニケーションこそ，マス・コミュニケーション研究のあらたなテーマとなるメディアの進化を裏づけるものである。それはメディア革命の先にある「メッセージ」の伝達方法と過程に大きな構造変動を引き起こす要因となった。
　SNSは，2000年代に入り台頭し，個人的機能中心の「mixi」（ミクシイ）

「Facebook」（フェイスブック）「LINE」（ライン）に，社会的機能をもたらす「Twitter」（ツイッター）などが代表である。いずれも個人と社会の関係性を結ぶパーソナル・コミュニケーション形態によるスタイルをもっている。

　社会的ネットワークを構築するコミュニケーション・ツールの草分けでもあった Twitter は，2006年頃から世界的に利用者が増大する。アメリカの Twitter 社が運営する WEB サイトに登録した利用者は，制限文字数内で文章を投稿し，利用者どうしのつながりを生む，新しい形態のコミュニケーションとなった。一般的に「つぶやき」とも呼ばれる投稿文章は，単なる独り言とは異なり，自分の思考をリアルタイムで不特定多数の人びとにメッセージを発信する。個人内コミュニケーション的なつぶやきではなく，外部に向けた「意図的な独り言」である。その内容は瞬時に情報交換もともなう道具として利便性が高いのも特徴である。

　近年の SNS の広がりは，個人による情報発信のトレンド化にも注目すべきである。アナログ時代における私的な日記帳から，デジタル時代の公的に公開する日記帳的なスタイルは，ブログや掲示板的メッセージとして定着した。日常的に蔓延する個人の内面的な思いを匿名や売名で外部に放出することである種の感情浄化にもなり，他人とのツイートに対するコメントのやりとりで，緩やかなコミュニケーションも生まれている。

　また，芸能人やタレント，オピニオン・リーダーなどのブログに接することで，テレビや雑誌以上に親近感を得ることにもなった。著名人にとっては，広報活動の一環にもなり，企業や行政機関などの参加もその点に注目してのことである。Facebook などには，これまで疎遠であった人びととの再会や近況を報告し合うことで新しい人間関係を構築する機会にもなっている。同窓会的な意味合いもあり，Facebook は比較的年齢層の高い人びとに利用されているのもうなずけよう。

　SNS でも若い人びとに圧倒的な支持を受けているのが「Instagram」（インスタグラム）である。2010年に開始され，日本では2014年に日本語アカウントが提供された。主に個人の撮影した写真を投稿し，相互に楽しむという写真共有アプリケーションである。SNS のなかでも文章から画像中心となり，その撮影をめぐる色彩や背景などをめぐり，映えるような画像いわゆる「インスタ映

え」を強調した内容である。

　Instagramは，コミュニケーションにある伝達機能に実際のコンテンツをプラスした最新のパーソナル・コミュニケーションである。映えをキーワードに日常のあらゆる対象を演出しながら人びとに公開し，その反応を求めるスタイルをとっている。文字から画像，さらに動画によってその内容を拡散させ，ネットワークに乗せている。最近の画像から動画の導入されたコミュニケーション機能は，まさに進化するパーソナル・メディアそのものである。

3　パーソナル・メディアの進化とマス・コミュニケーション研究

　4媒体メディアのなかでも雑誌の売上げの減少は久しい状況が続いている。SNSの普及は，女性誌の世界にも大きな影響を与えている。女性誌の売上げ減少は，パーソナル・メディアの進化との関係性からみることができる。女性誌購読者を分析すると，以下のように類別できる。①女性誌を毎月購読する。②女性誌は購読せず，女性誌のSNSを利用する。③女性誌は購読せず，モデル・ショップスタッフのSNSを利用する。④女性誌を毎月購読し，女性誌・モデル・ショップスタッフのSNSも利用する。

　女性誌を読まずともサイトにアクセスすることによってその情報は充足されているのだ。サイトには画像ばかりか動画が貼りついて，モデルの着用した商品情報など，新作のトレンドと合わせ，ビジュアル的に読者に迫っている。活字媒体を超えたメディアとして機能している。こうした現状から女性誌の売上げ減少は，単なる活字離れとは少し異なる事情を認識する必要もある。マス・メディアの機能とパーソナル・メディアの機能がメディアミックス的に作用していることにあらためて目を向けねばならない。

　マス・コミュニケーション研究の大きな課題は，パーソナル・メディアの進化への対応である。パーソナル・メディアに注目が浴び，そのコンテンツに興味が注がれる事態が続いている。コミュニケーション過程や効果分析という基礎的な部分の解明よりも，メディア本体（各内容コンテンツ）を分析することに関心が向いてしまった。

　本来，この変化への対応として必要なことは，既存のマスコミ4媒体とオー

ディエンスの関係,つまり受容形態そのものを変えてしまう事態へとおよんだ事実を詳細に分析することである。ゆえにマスコミ研究の分析方法にも見直しが求められている。あらためてメディア・フレームの再構成を軸にした,体系的なマス・コミュニケーション研究をいま一度めざすための方法論と,その過程を示し,今後の研究スタイルの確立をめざしたい。

注
(1) 露木茂・仲川秀樹,2004年『マス・コミュニケーション論――マス・メディアの総合的視点』学文社,119頁。
(2) 「全国大学マスコミ講座一覧」『総合ジャーナリズム研究(各夏季号)――177号・181号・185号』総合ジャーナリズム研究所,2001年〜2004年
(3) 仲川秀樹,2001年,「メディア・フレームの社会学的再構成」『マルチ・メディア時代における文化的可能性』日本大学・マインツ大学学際シンポジウム2001報告集。
(4) 仲川秀樹,2002年,『サブカルチャー社会学』学陽書房,264-265頁。

参考文献
清水幾太郎編集,1955年,『マス・コミュニケーション講座1――マス・コミュニケーションの原理』河出書房
城戸又一編集代表,1974年,『講座 現代ジャーナリズムI――歴史』時事通信社
南博,1957年,『体系社会心理学』光文社
竹内郁郎・岡田直之・児島和人編,1987年,『リーディングス日本の社会学20――マス・コミュニケーション』東京大学出版会

あ と が き
――マスコミ研究――

　本書のベースになっている『マス・コミュニケーション論――マス・メディアの総合的視点』(2004年) には，つぎのような序文が記されてある。
　マス・コミュニケーション理論研究の本格的な体系化は，アメリカ・イリノイ大学の W・シュラム博士が，1949年に編集した『マス・コミュニケーション』(Mass Communications) にはじまる。1954年，清水幾太郎博士らによって日本語訳『マス・コミュニケーション――マス・メディアの総合的研究』(東京創元社) が出版された。そのあとがきには，「この書がマス・コミュニケーションの研究にとって最高の文献である」と記されてあった。あれから65年になる現在も，あらためてこの文献の位置は新鮮であり，当時と何ら変わっていないと感じている。
　シュラム博士の研究から70年になろうとしている現在 (いま)，『マス・コミュニケーションの世界――メディア・情報・ジャーナリズム』を刊行することになった。著者の基本的な問題意識は，『マス・コミュニケーション論』にあるところと大きく変わることはない。
　社会構造は，制度や体制の変化によってつねに変動を続けている。こちらの意図とは関係なく変化し，人びとはそれに対応を余儀なくされている。もっとも顕著にそれを表しているのがメディア環境である。基本的な構造は変わらないにしても，その機能は歴史的過程に沿うように，利便性重視のスタイルを優先しながら進化を遂げている。利便性の先にあるのは極めて機械的なメカニズムによる媒体物になり，人間的な相互作用から乖離したものとしてのメディアそのものである。利便性の流れは，マス・メディアからパーソナル・メディア優位とされる状況を生み出した。パーソナル・コミュニケーション全盛である。
　マス・コミュニケーション研究の基本は，大多数の人びとにおける伝達を正確によみとり，時代ごとに変化を遂げる伝達方法を整理し，その時代に適したマス・メディアとの接近を人びとに知ってもらうこと。それがマス・コミュニケーション世界と良好な関係性をもつと考えるからである。マス・コミュニ

ケーションに対する表現がメディアとされることが多くなり，その意味解釈も多様になって久しい今日，マス・メディアもより強大になり，人間生活に大きな影響を与え続けている。マスコミ強力効果論さながらその影響はとどまることがない。そのようなマスコミ世界とつき合うためには，マス・コミュニケーションの構造と機能を理解することにつきよう。またそのシステムを知ることで，メディアに覆われた日常生活の役に立つことにもなるのではないだろうか。

そこでマス・コミュニケーション世界に対し，人間生活のパースペクティヴでよみとることの重要性を再考したい。人間生活の視点は，マス・コミュニケーション過程にあるさまざまな単位をミクロ的な人間の行為から探り，さらにマス・コミュニケーションという大きな世界をマクロ的な社会構造からよみとることでもある。極めて社会学的なパースペクティヴである。

本書の目的は，多様で複雑なマス・コミュニケーションの世界を体系化することに力を注いだ。マス・コミュニケーションの体系化は，構造・機能・変動の過程を基礎理論重視のスタイルによって明らかにし，現場を中心とする実践的な応用研究へと展開していくことにある。したがって，「メディア」「情報」「ジャーナリズム」の3つのパースペクティヴによって本書は展開されている。

「メディア」では，マス・コミュニケーションの基本的構造と機能の理解，正確な類型につとめた。「情報」では，情報社会本来の意味と知識社会との関係，情報は単なるニュースではなく，それをいかに活用し，知識へと転換していくのかを考える契機にした。「ジャーナリズム」は，世論と世論操作，ジャーナリズムの強大な力と影響過程に再度注目する。そして説得的コミュニケーションを中心としながら，プロパガンダの威力，マスコミの社会的責任とオーディエンスの役割としてメディア・リテラシーを取り上げた。最後に「マスコミ研究の総括」として，マス・コミュニケーションのゆくえ，メディア・フレームの再構成と，SNSの浸透にともなう社会的ネットワーク論にもふみ込んだ。

本書の構成は以下のとおりである。

第1章は，社会的コミュニケーションとして位置づけられているマス・コミュニケーションを理解するために，その前提となるコミュニケーションからスタートした。コミュニケーションの類型を正確に知ることは，現代のメディ

あとがき

ア環境を理解する下地になるからである。個人的レベルと社会的レベルにみるコミュニケーションを，マス・コミュニケーションとパーソナル・コミュニケーションからメディアの枠組みを考える一歩とした。

　第2章では，マス・コミュニケーションを構造と機能の側面からとらえた。マス・コミュニケーションのシステム論的理解から研究の試みや方法論の確立，さらに受容過程と効果分析という中心概念を総括的に論じた。マス・コミュニケーション研究の本質からも，基礎理論となる古典的研究は無視できない。現代社会においても古典理論を重視することの重要性を本章で示し，マスコミ研究の理論的前提とした。

　第3章は，マス・コミュニケーションの流れ研究，一般的にはマスコミ限定効果論の象徴的研究になった，「2段階の流れ仮説」を中心に論じた。情報の流れ，影響の流れからオピニオン・リーダーの出現，マスコミ実証研究の記念碑的な研究成果であり，マスコミ強力効果論に対する古典研究である。

　第4章では，E・カッツとP・F・ラザースフェルドの『パーソナル・インフルエンス』限定効果論研究に対する，マスコミ強力効果論の代表でもあるW・リップマンの『世論』を取り上げた。そして今日，その研究成果が見直され続けているE・N・ノイマンの『沈黙の螺旋理論』などにもふれた。マスコミの強大化を示す，強力効果論の諸理論をあつかいながら，今日のマス・メディアのあり方を考えるものとした。

　第5章では，ジャーナリズムと説得的コミュニケーションをベースに，情報の受け手から世論の形成を追った。説得的コミュニケーション事例として，R・K・マートンによる古典的な実証研究を取り上げながら，世論による人びとの影響過程を論じた。その経過から大衆説得と世論操作の関係をプロパガンダと結びつけた。

　さらに，説得的コミュニケーションとしての広告に注目した。プロパガンダである政治宣伝と，消費社会において登場した商業宣伝を，広告とのかかわりから論及した。政治宣伝と商業宣伝，そして広告との関係性を理解することで，マスコミの情報認知と情報内容の正確なよみとりが可能となると考えた。

　第6章は，マス・コミュニケーションと並ぶ情報社会論について社会学的な再考を試みた。情報と情報社会の成立過程はD・ベルの『脱工業化社会の到

来』に依拠している。そして，情報という概念が自然科学から人文・社会科学で用いられるようになった状況と，副次的な意味とした知識との関係から情報社会論と知識社会の関係がいかに重要かを再考する機会を示した。

第7章では，個人間コミュニケーションとパーソナル・コミュニケーションの性格に沿いながら，日常的に発生している流言とうわさの問題を，情報環境の側面から論じた。コミュニケーション・ネットワークの多様な状況を映し出す流言とうわさを区別し，情報の信頼性などに迫った。とくに流言から都市伝説をたどり，情報環境の世界そのものの理解につとめた。

第8章は，マス・コミュニケーションの社会的責任論を再考した。そこには1950年代当時にシュラムらがシカゴ大学から出版したプレスの自由をめぐる提言の数々が，いまなお色あせていない現実がみえる。マスコミが利潤追求とする企業としての姿がより増している昨今，あらためてマス・コミュニケーションの役割とは，メディア環境をめぐり人びとのなすべきことは何かを，古典研究から探った。また送り手のみではなくオーディエンスのメディア・リテラシーを高めるための認識能力についてもふれ，メディアとオーディエンスのバランスの必要性を語った。

最終章となる第9章は，メディアという用語が独り歩きし，メディア環境も混乱し，本体のマス・コミュニケーションはどこに向かおうとしているのか，近年新しい名称として登場したメディア・コミュニケーションについて，マス・コミュニケーションとの理論的相違を論じた。メディア・コミュニケーションの正確な意味を提示し，整理することでマス・コミュニケーションの存在を再認識させた。コミュニケーションが分化していく過程から，メディアとマスコミの関係を再検討し，メディア・フレームを再構成することによってあらためてマス・コミュニケーションの位置づけを提示した。そして，パーソナル・コミュニケーション全盛の中心的に位置づけられる社会的ネットワーク論に言及し，SNSなどの浸透と，それをめぐる問題の数々，今後の研究課題に触れながら総括とした。

本書，『マス・コミュニケーションの世界』は，マス・コミュニケーションの総合的な体系化をめざしたスタイルである。単なるマスコミの問題をあつかうだけではなく，古典理論からよみとき，現代のマスコミ問題解明の役割を果

あとがき

たすようにした。本書の各章は連続していながらも，逆に各章の専門分化的研究の方向性も定まるよう心がけている。

　近年では，メディア・コミュニケーション，サイバー・コミュニケーション，メディア社会論などと称して，既存のマスコミ世界をカバーする論調が増えている。その見方は決して誤りではないし，むしろ今日的なシステム問題に対応する研究方法でもあろう。そこに潜む課題も本書のなかで取り上げている。

　メディア環境の拡大，新規なコミュニケーション・スタイル，コミュニケーション・メディア登場のなか，マス・コミュニケーション論の重要性をあらためて見直した。古典理論の現代社会での有効性も含め，もう一度マスコミ研究の基礎理論を再考したい，本書全体の流れがここにある。

　本書から，今日のマスコミをめぐるあらたな取り組みや，その内容の理解，そこからさらなるマスコミ研究の世界が広がっていくことを期待したい。

　本書の出版にあたっては，企画段階から編集まで，ミネルヴァ書房の本田康広氏に大変お世話になりました。本田氏のきめ細かいサポートは本書の随所に活かされています。そして編集スタッフの皆さまにも心から感謝申し上げます。ありがとうございました。

　　2018年8月

仲川秀樹

索　引
＊は人名

あ　行

アイドマの法則（AIDMA's rule）　116
アクセス権　114, 169, 171
アクセプテッド・ペアリング（accepted pairing）　115
アジテーター（agitator）　106
イエロー・ジャーナリズム　165
意見広告（opinion advertising）　114
1次情報　50
一方向的コミュニケーション（one-way communication）　21
意図的コミュニケーション（intentional communication）　22
異文化間コミュニケーション（intercultural communication）　18
意味（signify）　2
意味解釈　4, 46
Instagram　202
インフォームド・コンセント（informed consent）　172
＊ウィーナー, N.　123
受け手調査（audience research）　39
うわさ　157
影響の流れ（flow of influence）　51
SNS　131, 146, 160, 201
SD法（semantic differential）　13
エリー研究　52, 71, 72
オーディエンス（audiences）　178, 180
＊オズグッド, C.E.　13
オピニオン・リーダー　51, 57
＊オルポート, G.W.　143

か　行

＊カートライト, D.　41
＊ガウデッド, H.　52
＊カッツ, E.　56
仮眠効果（sleep effect）　11
間接環境（メディア世界）　86
記号（sign）　2
記号環境（sign environment）　2
擬似環境（pseudo environment）　2, 85, 86, 159
議題設定機能（agenda-setting function）　89, 90
機能的要件充足　5, 46
客観的事実　87
強制なき同調　22, 103, 109, 111
強力効果論　51, 89
＊キリアン, L.M.　156
＊グーテンベルグ, J.　123
＊クーリー, C.H.　14
くちコミュニケーション　140, 158
クライマックス順序　12
＊クラッパー, J.T.　44
欠陥報道　165
言語（language）　4
言語コミュニケーション（verbal communication）　20
現実環境（real environment）　2, 85, 159
限定効果論　51
効果分析（effect analysis）　42
広告　112, 114
公衆（public）　100, 178
公平原則（principle of equality）　171
広報（publicity）　118
コーホート（同時出生集団）　19
国際コミュニケーション（international communication）　18
ゴシップ（gossip）　142

211

個人間コミュニケーション（inter-personal communication） 16,158
個人情報 170
個人情報保護法 170
個人内コミュニケーション（intra-personal communication） 16
固定観念 87
コマーシャル・メッセージ（commercial message） 115
コミュニケーション（communication） 9,10,24
コミュニケーション・システム 124
コミュニケーション的行為 8,192
コミュニケーション・ネットワーク 6,127,133,141
コミュニケーションの2段階の流れ仮説（two step flow of communication） 51
コミュニケーション・プロセス 32,33
コミュニケーション・メディア 6,126,131,141
コミュニケーション理論 123
孤立への恐怖 93
コンピュータ 127,129,136

さ 行

サイバネティックス（cybernetics） 123
産業化 129
産業革命 126,130
産業構造 131,133
CM 115
自己完結的コミュニケーション（consummatory communication） 20
指示（designate） 2
自主規制 168
システム問題 132
＊シブタニ，T. 156
＊清水幾太郎 141,147
ジャーナリスト 83,165
ジャーナリズム 82,89
社会依存モデル（dependency model） 97

社会システム 8,146
社会的コミュニケーション（social communication） 22,29
社会的属性 45
社会的ネットワーク 92,105,146,160,201
社会変動 146,153
＊シャノン，C.E. 124
集合的見解 100
集団間コミュニケーション（inter-group communication） 17
受容過程研究 39,41,42
＊シュラム，W 15,28,36,173,186
瞬間的映像 92
準拠枠 46
＊ショー，D.L. 89
商業宣伝 105
象徴（Symbol） 3
消費行動 112,113
消費社会 111
消費文化 112,116
情報（information） 7,122,125,128,134,135
情報化 126,129,187
情報公開 169
情報社会（information society） 122,126,129,130,133,135,137,197
情報処理機能 128
情報の流れ（flow of information） 50,140
情報理論（Information Theory） 124
知る権利 169
信号（signal） 3
シンボリック相互行為論 87
新薬普及研究 73
垂直的コミュニケーション（vertical communication） 23,93
水平的コミュニケーション（horizon communication） 23,93
ステレオタイプ 84,86
＊スミス，ケイト 109
生活世界 130,134

索　引

政治宣伝　105
世代間コミュニケーション（generation communication）　18
説得的コミュニケーション（persuasive communication）　22, 41, 42, 108, 117
説得的コミュニケーション活動　104
センセーショナリズム（sensationalism）　166
宣伝（propaganda）　104
煽動・アジテーション（agitation）　106, 142
先有傾向（predisposition）　46, 113
相互的コミュニケーション（reciprocal communication）　21
双方向的コミュニケーション（two-way communication）　21

た　行

＊ターナー，R.H.　156
第三者効果（the third person effect）　95
大衆説得（mass persuasion）　103, 108, 111
大衆操作（mass manipulation）　111
対面的コミュニケーション（face-to-face communication）　21
大量消費　116
大量生産　116
竹内郁郎　15
多元的無知　96
『脱工業化社会の到来』（The Coming of Post-Industrial Society）　130
知識　7, 123, 128, 134
知識社会（knowledge society）　130, 134, 135, 137
直接環境（リアル世界）　86
沈黙の仮説　94
『沈黙の螺旋理論』（The Spiral of Silence）　92
Twitter　202
ディケーター研究　56, 71, 77
＊デイビソン，W.P.　95
適正報道　167

デジタル・メディア　198
＊デフリュ，M.　97
デマ，デマゴギー（demagogy）　140, 142
『デマの心理学』（The Psychology of Rumor）　143
伝説（legend）　149
＊ドゥーブ，L.W.　43
道具・手段的コミュニケーション（instrumental communication）　19
『投票行動』　71
匿名性　132, 192
富永健一　125, 129
都市伝説（urban legends）　149, 150

な　行

ナチズム　107
ニュー・メディア　129
ニュース　128, 135
認知的文化　4
認知的文化システム　4, 128
ネット・サーフィン　133
ネット情報　92
＊ノイマン，E.N.　92
ノッキング・コピー（knocking copy）　115

は　行

『パーソナル・インフルエンス』　56, 71
パーソナル・コミュニケーション（personal communication）　16, 142, 158, 189, 191, 199
パーソナル・コンピュータ　187
パーソナル・メディア　17, 127, 191
＊ハーバーマス，J　8
＊バーロ，D.K.　33
パブリシティ（publicity）　118
パブリック・リレーションズ（public relations）　118
早川洋行　157
パラダイム転換　75
反クライマックス順序　12

反復・記憶・蓄積　7
PR　119
『ピープルズ・チョイス』　52, 70
比較広告（comparative advertising）　114
非言語コミュニケーション（non-verbal communication）　20
非言語的シンボル（non-verbal symbol）　4
非説得的コミュニケーション（non-persuasive communication）　22
＊ヒトラー，A.　107
＊ヒューム，D.　134
評価的文化　4
評価的文化システム　4, 128
表出的コミュニケーション（expressive communication）　20
表出的文化　4
表出的文化システム　4, 128
ファシズム　107
風評　141
Facebook　202
フォークロア・伝承（folklore）　149
フォロワー　73
不均衡報道　166
不適正報道　192
プライバシー　171
＊ブルンヴァン，J. H.　149
プレステージ　106
＊プレハーノフ，G.　107
プロパガンダ　102
プロポーショナル・リプレゼンテーション（proportional representation）　119
＊ベル，A.　123
＊ベル，D.　130
＊ベレルソン，B.　52
＊ホヴランド，C. I.　11, 43
＊ボールロキーチ，S.　97
＊ポストマン，L.　143

ま行

マーケティング　116
マーケティング・リサーチ　117
＊マートン，R. K.　37, 109
＊マクルーハン，M.　186
麻酔的悪作用　38, 39, 85, 167
マス・コミュニケーション（mass communication）　18, 29, 164, 188, 199
マス・コミュニケーションの機能　35
マス・コミュニケーションの社会的機能　37
マス・コミュニケーションの流れ　50
マス・メディア　6, 29, 113, 127, 164
マス・メディアの一般的活動　30
マスコミ産業　164
マスコミ4媒体　7, 27, 82, 114, 187, 196
＊マッコームズ，M. E.　89
mixi　201
無意図的コミュニケーション（non-intentional communication）　22
名誉毀損　171
メッセージ　186, 201
メディア（media）　5
メディア・コミュニケーション　188, 195, 200
メディア・フレーム　186, 200
メディア・リテラシー　39, 84, 160, 168, 178-180
メディア革命　186, 201
メディア環境　187
メディア社会　10, 172
メディアの進化　201
＊メンツェル，H.　73
＊モース，S.　123
モバイル・メディア　198

や・ら・わ行

ゆらぎ　97
予防的反革命　108
『世論』（Public Opinion）　84, 88
世論　87, 95, 100
世論操作　103, 104
世論調査　53, 91, 101

LINE　202
＊ラザースフェルド，P.F.　37, 52, 56
＊ラスウェル，H.D.　32, 35
リーダー　57, 73
リーダーシップ　58
リスク問題　193
リップマン，W.　84, 179

流言／うわさ（rumor）　140, 157
流言蜚語　141
＊レーニン，N.　106
歴史的過程　136
ローヴィア研究　72
＊ロック，J.　134
＊ワードマン，E.　165

著者紹介

仲川秀樹（なかがわ・ひでき）
　1958年　山形県酒田市出身
　1983年　日本大学法学部新聞学科卒業
　1988年　日本大学大学院文学研究科社会学専攻博士後期課程満期退学
　現　在　日本大学文理学部教授，輔仁大学（台湾）客員教授
　　　　　博士（社会学）
　　　　　大妻女子大学講師，フェリス女学院大学講師
　専　攻　マス・コミュニケーション論，メディア文化論，社会学理論
　主　著　『情報社会をみる』（共著，2000年，学文社）
　　　　　『サブカルチャー社会学』（2002年，学陽書房）
　　　　　『マス・コミュニケーション論』（共著，2004年，学文社）
　　　　　『メディア文化の街とアイドル』（2005年，学陽書房）
　　　　　『もう一つの地域社会論』（2006年，学文社）
　　　　　『おしゃれとカワイイの社会学』（2010年，学文社）
　　　　　『メディアとジャーナリズムの理論』（共著，2011年，同友館）
　　　　　『コンパクトシティと百貨店の社会学』（2012年，学文社）
　　　　　『ファッション・コミュニケーション・エンタテインメント』（共著，2014年，学文社）
　　　　　『H・ブルーマーの集合行動論』（2015年，学文社）

　　　　　　　　マス・コミュニケーションの世界
　　　　　　　　──メディア・情報・ジャーナリズム──

　　　　2019年3月30日　初版第1刷発行　　　　　〈検印省略〉
　　　　2025年2月28日　初版第3刷発行

　　　　　　　　　　　　　　　　　　　　　　　定価はカバーに
　　　　　　　　　　　　　　　　　　　　　　　表示しています

　　　　　　著　者　　仲　川　秀　樹
　　　　　　発行者　　杉　田　啓　三
　　　　　　印刷者　　坂　本　喜　杏

　　　　　発行所　株式会社　ミネルヴァ書房
　　　　　　　607-8494　京都市山科区日ノ岡堤谷町1
　　　　　　　　　電話代表　(075)581-5191
　　　　　　　　　振替口座　01020-0-8076

　　　　　　©仲川秀樹，2019　　冨山房インターナショナル・吉田三誠堂製本

　　　　　　　　　ISBN 978-4-623-08541-5
　　　　　　　　　　　Printed in Japan

よくわかるメディア・スタディーズ〔第2版〕
———————伊藤　守編著　B5判　248頁　本体2500円

メディアをめぐる知の系譜をたどり，研究対象の広がりをカバーしつつ研究方法の革新と多様化にも対応したこれまでにない新しいテキスト。

メディアの卒論〔第2版〕
———————藤田真文編著　A5判　288頁　本体3200円

簡単そうで実は難しいメディアの卒論。執筆段階，テーマごとに徹底解説した卒論執筆に取りかかるための必読書。

メディアスポーツへの招待
———————黒田　勇編著　A5判　228頁　本体2500円

メディアはスポーツとどのように関わっていくのか。歴史，ビジネスモデル，実践法を解説する入門書。

政治コミュニケーション概論
———————石澤靖治編著　A5判　250頁　本体2800円

政治とメディアの密接な関係をメディアの第一線で活躍する研究者が詳らかにする。基礎理論，注目のパブリックディプロマシー等も紹介。

メディア・リミックス
デジタル文化の〈いま〉を解きほぐす
———————谷島貫太／松本健太郎編著　A5判　296頁　本体2800円

いつ，どこで，どの領域でメディアをめぐるミクスチャーが成立し，それがリミックスされ，〈ビフォー〉と〈アフター〉を生成したのか。

———— ミネルヴァ書房 ————
http://www.minervashobo.co.jp/